中公文庫

パンとワインとおしゃべりと

玉 村 豊 男

中央公論新社

はじめに

ある米穀関係の団体から、日本人はもっとコメを食べるべきだ、という主旨のシンポジウムに出演を依頼されたことがあるが、打ち合わせのときに担当者が、朝食はパンかごはんか、と私に聞く。私が、パンだ、と答えると、彼は実に苦渋に満ちた顔になり、低い声でひとりごとのように、

「……マズイよなあ」

とつぶやいたあと、強い口調でこういった。

「そのことはシンポジウムではいわないでください」

コメ関係の人は、パンに冷たい。日本人がコメを食べないのはケシカラン、と思っているから、口調が権力的になる。そんなの、どうだっていいじゃないか。パン、麺、ごはん。好きなときに好きなものを食べればいい。

その点、パン関係の人は、日本ではパンはつねに（コメにくらべて）マイナーな存

在だったせいか、(コメ関係の人とくらべると)腰が低いというか、心が優しい。だから、私はパンも好きだが、パンの好きな人も好きなのである。

この本は、タカキベーカリー発行の『アンデルセン・タイムス』に連載したものを中心に、新たな書き下ろしを加えて構成した。

パンをテーマにする、ということで、かつてほかの著書の中で書いたのと同じエピソードをパンに焦点を当てて書き直した作品もあるが、いずれも今回の単行本化にあたっては現在の知識と視点からもう一度見直し、必要な箇所には手を加えてある。だから、初出の古いものはあるが、内容的にはもっとも新しいエッセイ集となった。

パンと、ワインと、おしゃべりと。

ぜひ、ゆっくりとパンをかみしめながら、時間をかけてつくられたワインを飲みながら、ペンで綴ったおしゃべりをお楽しみください。

目次

イラストレーション——著者

パンとワインとおしゃべりと

1

パンにまつわるおいしいエッセイ

ケンブリッジのコブ・ロウフ

あの年のケンブリッジの冬は、ことさらに冷え込みが厳しかったように思う。

私は一年半のフランス留学を終えたあと、残ったわずかばかりのおかねで英語の勉強をしようとイギリスに渡り、語学校に入った。ケンブリッジを選んだのは、その風光に惹《ひ》かれたこともあるが、ロンドンより生活費が安くて済みそうだということもあった。

私は語学校に登録すると、そこでボーディング・ハウスを紹介してもらった。いわゆる学生下宿である。そういうところではふつう二食つきで一カ月いくらという契約なのだが、私は特別に頼んで、朝食のみの割安料金を三カ月分前払いした。

フランスにいたときはときどき通訳などのアルバイトをしていたからよかったが、イギリスではただ消費するだけ。三カ月後には日本に帰ることになっており、無駄づかいはできなかった。だからまず学費と家賃を払い、次に通学用に中古の自転車を買って、残ったおかねで三カ月を暮らすことに決めたのだ。夕食つきを断ったのはほかでもない。その分を支払う余裕がなかったからである。

朝は暗いうちに起きて階下に降り、数人の下宿生とともに朝食。熱い紅茶とベーコンにタマゴ、シリアルにトースト。思えばこれが一日のうちでいちばん贅沢な食事だった。

語学校の授業は、午前中の三時間だけだった。私は授業が終わると町の図書館に場所を移し、そこで夕方まで勉強を続けた。昼はその途中のサンドイッチ屋で簡単に済ませておく。そして図書館が閉まる時刻になると私は冷たい黒い自転車に乗り、暗い下宿に帰るのである。

下宿に帰ってなにをするかといえば、また勉強をするしかない。とにかくおかねがないのだ。寒いからだを温めるために、部屋の中を歩きまわりながら大声で英語の本を朗読したりしたが、そんなことではやり過ごせない寒さだった。

私の部屋は北向きで、スチームも入っていなかった（そこがいちばん安い部屋なのだ）。暖房器具といえば、高さ二十センチ、横幅三十センチほどの電熱ヒーターだけ。横に一本、スイッチを入れると赤くなるニクロム線が張ってあってうしろに反射板がついている、ただそれだけのものである。いうまでもなく、ほとんど暖房の役に立たなかった。

夜になると、私はそのヒーターにパンをかざして焼いて食べた。お湯だけは台所に行けばもらえたのでティーバッグで紅茶を入れ、インスタントのマッシュポテトをつくっておかずにした。

ポテトはまずかったが、パンはおいしかった。

パンは、毎週日曜日に町の広場に立つ市場で買うことにしていた。大きくて安い、しかもおいしい山型の食パンを売っているからである。

天辺がこんもりと山になってゴールデンブラウンに焼き上がった食パン。そのことを〝コブ・ロウフ cob loaf〟と呼ぶのだということを、市場のおばさんから教わった。コブは〝塊〟の意。なるほどコブのあるパンか、と納得したことを覚えているが、このいかにもイギリスらしいパンはやや薄めにスライスしてこんがりとトーストすると、歯ざわりもよく香りもあって、本当においしい。夕食は多少の変化はあったが原則としてコブ・ロウフのトーストであった。一本のヒーターでムラなく焼くコツもほどなく会得した。あのパンがもしもおいしくなかったら、私のケンブリッジ生活はきっと一カ月ももたなかっただろうと思う。

ミスター・リーズのジャガイモ・サンド

思い出してみれば、ケンブリッジで下宿をしていたとき、私は二十四歳だった。あれから、四半世紀を超える年月が経過したことになる。

下宿先の主人は、ミスター・リーズといった。奥さんはいなかったが、年齢はいまの私かそれに近かったと思う。一人ですべての家事を切りまわし、老母の世話をしていた。身の上話を聞いたことはなかったが、二人暮らしで余った部屋を学生たちに貸していたのだろう。

そんな家庭の事情のせいか、ミスター・リーズはいつも不機嫌だった。口の中で絶えずなにか呟きながら、怒ったような目をして、家の中をせかせかと歩きまわっていた。

実際、ミスター・リーズには山ほどの仕事があった。

部屋の掃除、シーツやシャツの洗濯、学生たちの食事の用意……とりわけ彼はきれい好きのようで、天気が悪くても毎日のように洗濯をしてきっちりとアイロンをかけないと気が済まなかったし、掃除も部屋の隅々まで徹底していないと満足できないらしかった。しかしそんな彼の掃除が済んだばかりの居間のじゅうたんの上に、少し手が不自由な老母が、暖炉にくべようとするコークスをすぐにこぼしてしまうのだ。

あれは、私が住むようになってから、一カ月かそこいらのことだったろうか。

いつものように、夜、外と同じくらいに冷えきった部屋の中で、私は机に向かって英語の勉強をしていた。ニクロム線一本の電熱ではあまりにも寒いので、旅行用の寝袋――ヒッチハイクのときにはずいぶんお世話になったものだ――にすっぽりと胸まで入って、その恰好で椅子に座って、である。

夜、十時近くだったと思う。

部屋のドアを、小さくノックする音が聞こえた。

「トヨオ、メイ・アイ・カム・イン？」

ミスター・リーズだ。なんの用だろう。下宿代はちゃんと払っているし……。

ドアをあけて半分からだを部屋の中に入れたミスター・リーズは、私の姿を見て驚いたようだった。寝袋に入ったまま椅子に座って机に向かっている学生を英国で見かけるのはきっと難しかったのだろう。

「……そんなに寒いのか」

「ええ、まあ。慣れていないものですから」

「おなかは空かないか」

「あ、それは、まあ……」

「サンドイッチをつくったんだ。よかったら、夜食に、と思って」

そういって、いつもの神経質でイライラした目ではなく、人なつこそうな優しい目をして、ミスター・リーズは持っていた皿を私のほうへ差し出した……。

皿の上にのっていたのは、ジャガイモのサンドイッチだった。

大きめのジャガイモを茹でて、厚さ六、七ミリにスライスしたものが、二片ほど。それが、二枚の食パンのあいだにはさまっている。英国のサンドイッチはたいていそうだが、パンは耳のついたまま。トーストしてあるわけでもない。ジャガイモに振られたわずかの塩と、少量のバター以外はとくに味つけもないシンプルなものだ。

私はそのときのジャガイモ・サンドの色やかたちと、食べたときの味を、いまでもはっきりと覚えている。

そして、あれほどおいしくないサンドイッチも珍しいが、あれほどうれしかった食べものも滅多にないと、いまにして思う。そのとき私が目の縁に涙を浮かべていたかどうかはわからないが、とにかくパンとジャガイモをかじりながら、こみ上げてくるもので胸がいっぱいになったことはたしかである。

三カ月の滞在中、そんなことはたったの一度だけだった。

春が近づいて、私の出立する日が来た。

中古の自転車を学校の掲示板に出してさらに転売し、残り少なくなった貯金を大事に抱えて、いったんフランスに戻り、それからアジアをまわって日本に帰ろうとしていた。

別れの日、ミスター・リーズは私の手を握って、

「ありがとう。君がいてくれて、家じゅうが明るくなったよ」

といってくれた。そして申し訳なさそうに、こうつけ加えた。

「……日本に帰ったら、プラスチックの洗濯ばさみを送ってくれないか」

ミスター・リーズは、私が自分の洗濯ものを干すのに使っていた洗濯ばさみを、いいなあ、と思いながら見ていたのだろう。たしかどこの家でもそのころの英国では、木片に金属のバネのついた旧式の洗濯ばさみを使っていた。私は、別れの挨拶をすると同時に必ず約束を果たすことを告げ、最後にもう一度、あのときのジャガイモ・サンドの礼をいった。

美しい夕刻のメゼ

私はパンが大好きだが、中でも好物といえばアラブのパン、つまり無発酵ないし半発酵の、薄くて平たいパンである。

このタイプのパンはインドから西アジア一帯、ヨーロッパの東縁にいたるまでの広い地域で食べられていて、それこそ紙のように薄いものからある程度ふっくらとしたものまで厚みもさまざま、かたちもいろいろ、もちろん呼び名もそれぞれに異なっているけれども、世界的に見るとこうした〝平焼きパン〟を食べている人口のほうが、欧米タイプのふんわりとした発酵パンを常食とする人口より多いのではないかといわれている。

インドではナン。

アラブ諸国ではホブズ。

エジプトではエイシ。

どこへ行っても主食にだけはありつけるように、いちおうパンを意味する単語だけは覚えるようにしているが、平焼きパンにはじんわりとした風味があってどれもうまく、甲乙をつけろといわれても困る。が、いま思い出すと、まだ美しかった頃のベイルートの小さなホテルで食べたパンの味が、いちばん強く印象に残っている。

一九六九年のことだ。

すでにレバノンとイスラエルの国境は何年も前から封鎖されており、依然として戦争状態は続いていたが、それでもレバノンはまだ明るく豊かな国家で、首都のベイルートはアラブ世界でもっとも洗練された、瀟洒《しょうしゃ》な近代都市として知られていた。地中海に面した海岸通りには豪華なリゾートホテルが立ち並び、女性たちは彫りの深い横顔と見事な肢体を惜しげなくさらして日光浴をしている。伝統的な寛衣で顔やからだを覆う人はむしろ少なかった。ことにアメリカン・ユニヴァーシティーの学生たちには美人が多いと評判で、ベイルートの中心街は人も街も西欧化された独特のエキゾチスムに溢れていた。

私は海から少し入った裏通りにある小さなホテルに一週間ほど滞在した。とくにやることもなく、泳いだり、本を読んだり、街を歩いたりして日中をやり過ごす。楽しみは夕刻だった。

太陽の光が弱まって、樹々の影が舗道に長く伸びはじめる頃、ブドウの葉とテントの日除けで覆われた中庭にテーブルを持ち出して、長い夕食の早い前菜がスタートする。

このホテルでは、裏庭にしつらえた窯で毎日パンを焼いていた。それが自慢のようであった。

たしかに、焼き立てのパンは、〃平焼き〃であってもフワッとしていておいしい。しかし、〃前菜〃のときに出てくるのは、かならず前日の残りのパンを焼き直したものだった。

平焼きパンは二枚の層になっていて手で簡単に剝がすことができるので、前日の残りをそうやって剝がし、もう一度火で焙ってから小さく割る。そうするとこれがパリッとして香ばしくて……まったく別物の美味に変身するのである。

テーブルの上に、さまざまな小皿が並ぶ。スパイスのきいたゴマのペースト、焼きナスを潰してオイルで和えたもの、エジプト豆とニンニクのサラダ、キュウリのヨーグルト和え……これらは、〃メゼ〃と呼ばれる中東風前菜のほんの一部で、そんな肴とパリッとしたパンをいっしょに、ラキ（焼酎）やビールでのどをうるおしながら長い時間をかけて楽しむのが向こうのやりかたなのだ。

あの一週間は、素晴らしいものだった。

その後私はレバノンを訪ねていないが、おそらく度重なる激しい戦闘で市街地を焼き尽くされたベイルートでは、当時の面影を探すのはかなわぬ夢だろう。

街角のターメイヤ

フランスの昼休みは正午から二時まで、イタリアは一時から三時、ギリシャになると二時から五時までというふうに、南へ下るにしたがって遅くなるが、エジプトまでくるともう昼休みというものがなくなる。だって、ギリシャより南のエジプトなら、三時から昼休み……となる順番だが、それでは食事が終わったら夜に近い。だから、昼休みをとることはあきらめてしまったのだ。人々は、朝七時頃から二時くらいまで働くと、それで一日の仕事をやめて家に帰る。で、午後三時からお昼ごはんを食べるのである。レストランも、三時ないし四時がランチタイムのピーク。変則的といえば変則的だが、暑い国としてはなかなか賢明な時間割ではないだろうか。

エジプト人はハトが大好きで、ナイル河畔でハトのローストを食べさせる店はカイロの名物になっている。どの店も野外にテーブルを並べているのだが、かならず野良ネコがあちこちを徘徊していて、客が放り投げるハトの骨を待っているのが面白い。

ネコの数が多いほど店の味がよい、ということになっているので、中にはひそかにネコたちにほかのエサをやって手なずけている店もあるらしい……。

この、贅沢なごちそうであるハトに対して、いかにも庶民的な日常の料理がターメイヤだ。エジプト人は、とにかく豆をよく食べる、大の豆好き人間である。

一流ホテルの朝食にも、エッグ・オン・ビーンズというメニューがあるくらいだ。目玉焼きを、煮た豆の上にのせて出してくるのである。なんでも豆をつけ添えなければ気が済まないらしい。

街角で、もっとも人気のある屋台は豆団子売りである。大きな鍋に油を熱して、ピンポン玉くらいの大きさの団子を揚げている屋台はいつも人がたくさん集まっている。

私ははじめのうち、てっきりミートボールだと思っていた。ところが、実はソラマメの一種（ファヴァ・ビーン fava bean）を潰してタマネギや各種のスパイスと混ぜ合わせて団子にした、ターメイヤと呼ばれるものが正体だったのだ。揚げたてのアツアツを口に入れてホフッとかじると、油と蛋白質の濃厚な味がして一瞬挽き肉かなにかのように感じるが、サックリした感触と緑色がかった中身の色は、まさしくソラマメのものである。

この豆団子の揚げものは、薄いエジプトパン（エイシ）のあいだに生野菜といっしょにはさみ、ゴマを効かせたソースをかけて食べると実においしい。この食べかたは中東地域の各国にも共通しており、しばしば〝ファラフェル〟と呼ばれる（ニューヨークのベジタリアンにも大人気だ）が、私はエジプトがいちばん本場だと思っている。

アクサライの朝

イスタンブールの空港に着いたときは、外はもう真っ暗闇だった。パリからの乗客は私のほかに九人しかおらず、あっという間にそれぞれ迎えのクルマに乗って消えていってしまった。私は空港のリムジン・バスに乗ろうと思い、それらしき停留所でしばらく待っていたが、バスは来ないし乗客はいない。近くにいる係員に聞くと、実は運転手が空港へ向かう途中で腹痛をおこし、病院にかつぎこまれたので来られない。きょうはこれでおしまいだ、という。やれやれ、たいへんな国に来てしまった。

私はしかたなく乗合タクシーをつかまえ、旧市街のホテルまでやってくれといった。どんなホテルでもいい、部屋が空いてさえいれば。

案内されたホテルは、意外に清潔で快適だった。英語もフランス語も通じないのは困ったが、身ぶり手ぶりでそのホテルがイスタンブール市のどのあたりにあるのかたしかめた。旧市街の西方に位置する、アクサライというのが界隈の名前だった。

ホテルの前の広場には、ありとあらゆる屋台が出ている。サンドイッチからジュースから、さまざまな木の実、甘ったるそうな菓子……オレンジやリンゴも山と積まれ、裸電球や石油ランプの光に照らされて輝いている。

私は寝る前に広場をひとまわりしようかと歩き出したが、三歩と歩かないうちに目つきの悪い男やずる賢そうな少年が声をかけて近寄ってくる。どこか案内しよう、両替はしないか、コーヒーを飲もう、つきまとって離れない。うるさいので、ホテルに帰って寝た。

朝までぐっすりと眠って、十時頃ホテルを出た。アクサライ近辺をぶらつく。

ゆうべとは雰囲気ががらりと変わり、路傍に並んでいるのはライトバンの屋台。そこで朝食用のパンと飲みものを売っている。言葉をかけてくるがわからないので、だうなずいていると、みんなが食べているのと同じパンを渡してくれ、次にアイラン、アイラン、と叫んでコップに入った飲みものを差し出した。いくら払ったかは覚えていないがとにかく安い。

アイランというのは、ヨーグルトを水で薄めて塩味を加えたようなものである。トルコはシシカバブ（羊の焼き肉）にもヨーグルトをかけて食べるような国柄だが、この飲みものはとても爽やかで健康的だ。

パンのほうは、丸い平焼きパンで、上にタマネギと羊の挽き肉を散らしてオーブンで焼いてある。それに唐辛子をつけて食べる。見たところも食べた感じも、ピザによく似ている。

どうやらこの〝トルコピザ〟にアイランというのが、トルコ人が外で食べる朝食のひとつの典型であるらしい。私はおおいに気に入り、イスタンブールにいるあいだは毎朝同じものを食べて暮らした。

このディナープレートほどの大きさの薄いパンは（トッピングをのせるにせよのせないにせよ）、トルコ語で〝ピデ〟というのだそうだ。同様の平焼きパンを、ギリシャ語では〝ピタ〟と呼ぶ。

ピザパイのピザはイタリア語の発音では、〝ピッツァ〟となるが、こう並べてみると、ピデとピタとピッツァが同一線上にあることは明白だろう。トルコからギリシャ、イタリアへ、文化はひとつながりに続いているのだ。

私はピデを食べアイランを飲みながらアクサライの界隈を歩き、トルコからギリシャへは船で渡ることにしようと考えた。南へ下がって地中海に出れば、マルマリスからロードス島へ向かうフェリーがあるはずだった。

ニューヨーカーのベーグル

ニューヨーク在住の友人が、ベーグルをおみやげに持ってきてくれた。

パンを海外旅行のスーベニアにするのは面白いアイデアで、私もよくパリからフランスパンを持ち帰ることがあるが、田舎パン（パン・ド・カンパーニュ）ならともかく、バゲットのようなタイプのパンはすぐに硬くなってしまうのでおみやげには向かない。その点ベーグルなら日持ちがよいから好都合だ。

何年か前、雑誌の取材でニューヨークへ行ったあと、しばらくベーグルに凝ったことがあった。日本では、東京でさえこのパンを売る店は非常に少なかったので、自分で粉を練ってつくったものだ。毎朝それを食べるのである。横半分に切ってサワークリームを塗りスモークサーモンをのせ……たりすれば典型的なニューヨーカーのブランチ・スタイルだし、簡単な朝食なら軽くトーストしてバターと蜂蜜くらいで十分においしさが味わえる。持つと意外にずっしりと重く、嚙むと表皮のパリッとした歯ざわりに続いて中身のややしっとりとした重厚で素朴なテクスチュアが独特で、上あごで十分に嚙みしめるとじわじわと滋味が伝わってくる。

ベーグルは、ユダヤの人々が愛してやまないパンである。

このパンはドーナッツのようなリング状になっているが、もともとは馬の〝あぶみ〟をかたどったものだそうで、一六八三年、オーストリアのコーヒー・ショップのオーナー（氏名不詳）が、ポーランドの王様が乗馬の際に持っていくピクニック用食料としてつくったのが最初、といわれている。ベーグル（またはベーゲル）はドイツ語で、〝あぶみ〟を意味する言葉の転訛だというが、その後たちまちのうちにもっとつくりやすいリング型にパン屋が変えてしまったらしい。

これをアメリカに持ち込んだのは、ポーランドおよびオーストリア出身のユダヤ人たちである。十九世紀の終わり頃から、ニューヨークのユダヤ人サークルを中心に急速に人気を得ていった。そしていまでは宗旨も国籍も関係なく、ニューヨークといえばベーグル、といわれるほどの〝定番〟におさまってしまっている。

友人が持ってきてくれたのは、いまニューヨークでいちばん人気のあるパン屋のベーグルと、もうひとつは古い伝統的なユダヤ食品店のベーグルだった。人気のあるほうはやや軽い感じのもので、伝統的なほうはずっしりと重量感がある。このパンの特徴は一度ドウを茹でてから焼くところにあり、そのためにしっかりとした歯ごたえが生まれるので、私はどちらかというと古い店のベーグルのほうのそれらしさに軍配を上げた。

ベトナムのフランスパン

ベトナムで、フランスパンがあんなにおいしいとは思っていなかった。

実はこの国には、まだ〝戦争〟が終わっていない一九七〇年の春に一度だけ、わずか数日間滞在したことがあるのだが、そのときの私はまだ若くて知識が浅く、食べものへの関心の持ちかたもいまほど広くなかったので見逃していたのだった。

それから二十年以上経ってサイゴン（正式名はホーチミン・シティー）を再訪する機会があった。戦争の爪痕はまだあちこちに残ってはいるが、開放政策で経済は発展し、街は活気にあふれている。私も二十余年前の安宿（窓のない汚い部屋だった）とは違って、外国人観光客用の一流ホテルに泊まった。

が、どうも、昔の旅の癖というのはいくつになっても抜けないようで、立派なホテルを一歩出ると、ついゴミゴミした細い裏通りに足が向く。観光客が行かないようなそういうところにこそ、面白いものがあるはずなのだ。

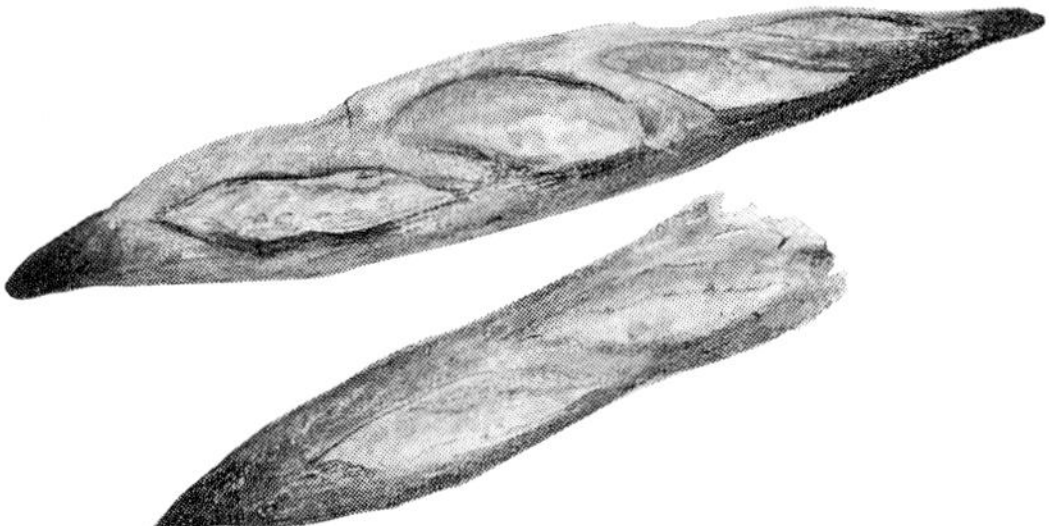

裏通りには、屋台がいっぱい並んでいる。

地べたにしゃがんで、フォー（ビーフン麵）を売る人食べる人。麵にもいろいろ種類があり、どれもおいしそうだ。

立って食べものを売っている屋台も多いが、そのひとつに、亜鉛のような金属の板で下の四方を囲い、その上に肉や野菜の刻んだものを並べたガラスケースをのせている屋台が私の目を引いた。すぐそのわきに、フランスパンが何本か並べてあったからだ。

それが、ベトナム・サンドイッチの屋台だった。

パンは、太めのバゲットといったところ。

注文すると、一本を半分に切ったのを二つに開き、まず、レバーペーストのようなものを塗った。そして、醬油をパラリ。あとはお好みで、酸味の効いたベトナム風の生ソーセージでも、焼き豚でも、干し海老でも、青菜でもネギでもトマトでも、大根と人参をせん切りにして酢をふりかけたナマスでも……なんでも好きなものを言ってはさんでもらう。最後に、辛い唐辛子と香りの強い香菜を加え、全体にニョクマム（魚醬）を振りかけてできあがり。

見ていると、いったいどんな味になるのか、不安な気持ちが先に立つ。まったく、どういう取り合わせなんだ！

が、食べてみると……これがなんとウマイのなんの、史上最高のミスマッチ！　と私は思わず唸ってしまった。

不思議な、筆舌に表現し難い、しかし感動的な味である。

ベトナムは、百年ほどフランスの植民地だった歴史を持つ。

その間にフランスのバゲットが人々のあいだに浸透し、いまでは田舎へ行っても麺やそのほかのアジア的な食べものを売る店が並ぶ中に、バゲット屋さんが店を構えている。そのことはもちろん最近の旅行ではじめて知ったことなのだが、たとえば豚の耳や臓物を醬油味で煮たものを売っている店の隣にパン屋があれば、それをサンドイッチにしてくれるのである。これもまた、奇妙だがおいしい。

ベトナム人は、感覚が繊細で鋭敏である。

料理の味にも飾りつけにもうるさい。

屋台のベトナム・サンドイッチがどうしてあんなにおいしいのか、それは無造作に見えて計算された具の取り合わせの妙ばかりでなく、サービスする前のちょっとした心遣いにも秘密が隠されているのだ。

サンドイッチはつくり置きしない。

注文を受けるごとにパンを取り出し、それから、やおら、屋台の下の金属製の台についている扉をあけるのだ。と、そこにあるのは……。

七輪！　小型の七輪の中で、炭火がカンカンにおこっている。

その炭火で、サンドイッチをつくる前に、バゲットをサッと焙るのである。だから、パンはホカホカ、皮はパリパリ、中にはさんだ汁気の多い具がいっそうおいしく感じられるというわけなのだ。

私はベトナム人のおいしいものを食べようとする意気込みに打たれ、毎日一本は屋台のサンドイッチを食べた。

ヴェルニュ夫妻の店

パリで学生生活を過ごしたとき、私はセーヴル通り十六番地のアパルトマンの屋根裏部屋に住んでいた。ヴェルニュさんの店まで歩いて三分とかからない。

サンペール通り八十番地『オー・ソーヴィニョン』。それが店の名前だが、私ははじめてその前を通りかかったとき、いったい今晩はなんのお祭りがあるのだろうと訝ったものだった。なにしろ客がドアの外にまであふれて、それこそ黒山の人だかりだったからである。

ところが、喧噪は毎晩のように繰り返されていた。

聞いてみるとそこは安くておいしいワインとサンドイッチが売りもののビストロで、とにかく店が狭い。だから立ち飲み立ち食いの客があふれ、店の前にまではみ出している、というのである。

私がはじめて中に入ることができたのは、それから二週間ほどした頃だ。少し早めに出かけていってなんとか潜り込んだ。

昔ながらのザング（亜鉛）で葺いたカウンターに気風《きっぷ》のいいおカミさんが立っていて、なじみの客を相手にしわがれ声でさかんに冗談をとばしている。主人はと見るとその奥のほうの隅で、山のように積んだ大型の丸い田舎パン（パン・ド・カンパーニュ）を黙って包丁で切っていた。もっともそんなようすを垣間見るのも満員の客の背中越しで、細長い三角形の店内にぎゅう詰めに並べられた一ダースほどの小さなテーブル席に空席はひとつもない……。

白ワインならよく冷えた辛口のキャンシーかソーヴィニョン。赤ならばボージョレかサンテミリオン。食べものはサンドイッチだけ。中身はジャンボン・ドーヴェルニュ（生ハム）、アンドゥイユ・ド・ヴィール（腸の腸詰めの薄切り）、またはチーズ（カンタルかクロタン）。

ほとんどが常連の客ばかりだから、みな店に入るなり大声で要領よく注文する。もたもたしていたらなんにもありつけないし、的外れの注文をするとおカミさんにしかられる。こういう店で自然に振舞えるようになるには、少なくとも十回や二十回はかよわなければならない。

しかし、それにしてもなんという美味だろうか。私は常連になるためにかよったのではなく、サンドイッチのおいしさにひかれてかよっているうちに常連のはしくれになったのだった。

　主人のヴェルニュさん夫婦は、フランス中央部のオーヴェルニュ地方、カンタル地域の出身である。ワインの仲買人として有名な人だから、出されるワインも折り紙つき。しかしなんといっても人気なのは、天然の塩を入れ薪で焼いた田舎パンを六ミリほどの薄さにスライスしてつくるサンドイッチだ。しっかりした歯ごたえの香り高いパンに、地元オーヴェルニュ産のハムや腸詰めがしっくりと組み合わされる。塩味をやわらげるバターの味もバランスがよい。

　ムッシュウ・ヴェルニュは、一日中、パンをスライスしてサンドイッチをつくっている。額に汗して、ほとんど無言。パリに出てもう何十年にもなるのに、口数が少なくて働き者、というオーヴェルニュ人気質そのままの好人物だ。

　ああ。こんなふうにあの店のようすを書いていると、舌があの味を思い出してよだれが出そうになってしまう。

　また、パリに行こう。

　パリに着いたら、あの店に行こう。

　ヴェルニュ夫妻は二年ほど前に引退して娘にあとを譲った。

その交替とタイミングを合わせるように、店は改装されて広いテラスができ、全体がピカピカにきれいになってしまって以前と雰囲気は少し変わったが、カウンターの亜鉛板は昔のままだし、もちろん、あのワインとサンドイッチの味はいまも変わりない。

ナン・オ・フロマージュ

パリへ行くたびに、たとえ短い滞在のときでも、かならず立ち寄るレストランがある。フランス料理ではない、インド料理の店だ。

最近はパリでもあちこちにインド料理店の看板を見ることができるが、昔は、ほとんどない、といっていいくらい数が少なかった。ロンドンへ行けば本場の味のタンドリやカレーが食べられる（さすがにかつてインドを植民地にしていた国だけのことはある）のに、フランス人はスパイスに弱いから辛い料理はダメなのかと思っていた。そんな中で、セーヌの河岸に近い六区ドーフィーヌ通りに、おいしいインド料理店ができたという噂が流れはじめたのは、かれこれ十年くらい前のことだろうか。

重厚な木製のドアを押しあけると、薄暗い上品な照明の中に、ピンク色の壁と白いテーブルクロスが浮き上がっている。どこからともなく流れてくる心地よいスパイスの香り。インド人のメートル・ドテルは一分の隙もない紳士で、流暢なフランス語で客を迎えている。

ただならぬ店であることは、すぐに見てとることができた。値段も高そうだが、きっと素晴らしい料理を出す店に違いない、と。客層も、ちょっぴりスノッブなサンジェルマン・デ・プレ風である。

あれから十年……内装とメートル・ドテルはややくたびれてきた感じがするけれども、相変わらず味は一流を保っている。しかもほかのほとんどの店が休む日曜日に営業しているので、私は日曜日の食事にここを利用することが多い。

最初に、ペパーミント・グリーンのハウス・カクテル。一杯やりながら、長い長いメニューを読む。

鶏やエビのタンドール窯焼き、カニのすり身のスパイシーな焼きもの、各種のカレー、ブリアニ、ピラフ……いつも選択に迷っているうちにすすめ上手のギャルソンの言葉にうなずき、結局は食べ切れないほどの量を注文してしまうのがこの店の欠点だ。

この店はまた、ごはんが美味。インド産の長粒米の、きっと超高級品種なのだろう、細くて長い貴婦人の指のような美しい姿。なかば透き通って艶やかな色合い。一粒一粒は中まで火が通っているが決してべとつかず、さらさらしているが硬さも荒さもなく、噛むとほのかな甘味と上品な香りが感じられる……。

だから料理にはかならずライスを添えて注文することになるわけだが、この店はもうひとつ困ることがある。ごはんばかりでなく、パンも凄くおいしいのだ。

とりわけ、ナン・オ・フロマージュ。

すなわちチーズ（フロマージュ）入りのナン（タンドール窯で焼いたふんわりした平焼きパン）である。

これがねえ。

おいしすぎて、まずい。食べ過ぎてしまうから、太ってしまう……まずいなあそれは、といつも思うほどおいしいのだ。

焼き立ての、アツアツの、柔らかいナン。

指先でアチアチといいながら二つにちぎると、断面からトローリとクリーミーなチーズが溶け出してくる。あわてて口に運ぶ。熱い、うまい、熱い、やっぱりうまい。

ナン・オ・フロマージュは、食前酒のあと、ほかの料理が運ばれてくる少し前に出てくる。だから、まだ空腹を店に持ち込んできたままの状態なので、すぐに、アッという間に、食べてしまう。

ビールのおつまみ

オクトーバーフェスト（十月祭）と呼ばれるのは、九月におこなわれるミュンヘンのビール祭りのことである。大きな広場に巨大な体育館のような仮設のビヤホールがいくつもつくられて、夥《おびただ》しい数のビール飲みたちが重いジョッキを傾けている。本場の飲みかたはきわめて豪快だ。

お祭りの期間でなくても、ドイツの町にはどこでもビヤホールがあり、年中お祭りのように大騒ぎでビールが飲まれているわけだが、それでは彼らがなにをおつまみにしているのかというとこれがちょっと面白い。

ミュンヘンのホフブロイハウスという有名な大ビヤホールへ行ったときのことだ。これこそ本物のビール腹、というような巨腹をテーブルに押しつけながら上機嫌で飲んでいる数人の男の一団のすぐ隣の席で飲みはじめると、しばらくして、君はひとりか、いっしょに飲もう、と誘われた。ビールはひとりで飲むものではないらしい。

「どうだ、これを食うか」

そういってすすめながら、彼らはなにか白い小さなものをポリポリとかじっている。クルクルとその白いものは隠れて丸まっているので、まるで豚のシッポのようにも見えるが、大根だった。彼らはナマの大根をかじりながらビールを飲むのである。

大根を、針とらせんが組み合わさったような専用の小さな道具でくり抜く。するとクルクルと巻いたかたちに白い身が切り取れるのだ。私もこの道具をドイツみやげに買ってきたが、慣れないとうまくくり抜けないようで、結局は使わないまま珍道具コレクションにしまってある。まったく大男に似合わない妙な小道具を考え出したものである。

それから、彼らに欠かせないビールのおつまみがもうひとつ。

それは、パンである。

ドイツのパン屋さんには、かならず目立つところにプレッツェルというパンが飾ってある。ヒモ状のドウをハート形に結んで止めたような独特の形状。こんがりと焼けた表面には粗い塩の結晶がついている。このパンをおつまみに食べながらビールを飲むのが彼らの流儀なのだ。

「パンをつまみにビールを飲む」

というと、まるで、

「おにぎりを食べながら日本酒を飲む」

みたいでどうにも妙に思われるが、実際にやってみるとなるほど、ポクッとした感触とややきつめの塩味が、冷たいビールによく似合う。

考えてみればビールというものは、中世の頃にはいまよりもずっと濃い、ドロドロとした麦の発酵汁のようなものだった。もちろん非常に栄養価が高く、人々はあたかもパンを食べるかのようにビールを飲んだのだ。

それが近代にいたり、しだいに洗練された軽やかなものに変身していったわけだが、その過程でおそらく、〝ビールらしさ〟の何割かが欠落していったであろうことは想像できる。

そう、つまり、現代のドイツ人がパンをつまみにビールを飲むのは、その欠落を補うため……ではあるまいか、ビールはパンといっしょになってはじめて完成すると彼らは感じているのではないか、と私は考えはじめたのだが、大男たちにビールをすすめられ、私の頭はたちまちのうちに朦朧《もうろう》となった。

はなやかなスモールブロット

月が林の木の枝に引っかかってしまったので、みんなで木を揺すって外してやった、とか、月が家の屋根に乗っかった、とかいう昔話のたぐいが、ヨーロッパには多い。日本にも同類がないではないが数は少なく、むしろお月見といえば中空にかかる遠い月を眺めてウサギのもちつきなどを想像する。

これは、ヨーロッパは緯度が高いせいだそうだ。

高緯度の地域では、月が描く軌道が低い。月が出てから入るまで、建物や林の縁をかすめるような低空を移動するので、そんな話が生まれたというのである。

北海道をずうっと西へ平行移動していくと、だいたい、すっぽりと地中海にあてはまるくらいになる。地中海といえばその北岸が南フランス……北海道よりもずっと温暖なイメージなのに、とにかく青森がカサブランカ（モロッコ）と同緯度だというから驚く。

もちろん海流の影響やらがあって、ヨーロッパ大陸は緯度が高いわりには全体に気候は穏やかなのだが、それでも地球のかなり北のほうにあるという事実は動かせないもので、だから冬の厳しさなどには私たちの想像を超えるものがある。

パンは、いうまでもなく彼らに欠かせない主食だけれども、白いパンをつくる小麦のとれる地域はドイツあたりを境にして南側のほうに限られる。北東ヨーロッパでは、パンの材料は寒さに強いライ麦に頼ることになる。できるのは重い、目の詰んだ、色の黒いパンである。

なんでも白いものや柔らかいものが好きな（これはごはんの食味からくるのかもしれないが）日本人にとっては黒パンはモソモソしてあまり好まれないようだが、しっかりとしたライ麦パンに良質のバターを塗って食べてみると、じんわりとした旨味が舌に広がり、なるほどこれは、と思い当たることがあるはずだ。北ヨーロッパの人々が、土地に合った食べものを深く愛好している理由がわかるだろう。

ライ麦パンのもっとも楽しい食べかたは、オープンサンドである。

本場はデンマーク。

〝スモールブロット〟（バターつきパン、の意）と呼ばれる通り、バターをつけたパンの上にさまざまの具をのせる。エビの茹でたの、ニシンの酢漬け、ウナギの燻製、タラコの唐揚げ、スクランブルドエッグ、ブルーチーズに生タマゴ……まるで想像力の博覧会のように、ありとあらゆるものを、もうこれ以上のせるのが無理なくらいにたくさん、のせて、食べるのだ。たとえば茹でエビなど、こんもりと山になっていて下のパンが見えない。ようやく底辺の黒パンを探し当てて指で持ち上げるとズシリと重い。

これは、黒パンだからできる芸当なのである。薄く切ってもしっかりしており、重さに耐える。ヘニャヘニャの白パンではこうはいかない。味からしても、重量感のあるトッピングに対抗できるのは黒パンならではだろう。

もちろんオフィス・ワーカーが昼食用に持っていくようなスモールブロットはずっとシンプルで、ちゃんと具をパンの上にのせたまま食べることができるけれども、とにかく多種多様、量もさまざま、というのがデンマークのオープンサンドの特徴で、北欧のほかの国に見られない非常にユニークなスタイルなのである。

なにをのせてもよいといったが、中にはその組み合わせが定番となって名がつけられているものもある。たとえばデンマークの国民作家の名を冠した〝ハンス・アンデルセン・サンドイッチ〟は、カリカリのベーコンにレバーペーストとトマトをのせ、その上にホースラディッシュとコンソメ・ジェリーを散らしたもの、のことである。

飲みものは、ミルクか、ビールか、シュナップス（焼酎）。

本式にはシュナップスの小杯をグイッと一気に飲んではチェイサー（追い水）がわりにビールを飲む、というのが作法らしいが、これをやると低緯度地方の人間は確実にへべレケになる。

パン・デ・ロー

ポルトガルで私が好きなのは、まずはヴィーニョ・ヴェルデである。つまり、その年に穫れたブドウでつくった新酒。フランス語でならヌーボー（新しい）というところをポルトガル語ではヴェルデ（緑の）、という。これは〝くちばしが青い〟とか〝青二才〟などというときの青（緑）と同じで、まだ青くて熟していない、という意味だ。ポルトガルでは、赤ワインでも白ワインでも新酒は〝緑のワイン〟と呼ぶのである。

壜に詰めたヴィーニョ・ヴェルデももちろん売られているが、面白いのは店の中に大きな酒樽を据えて、計り売りで飲ませる大衆的な居酒屋だ。たいがい酒樽のまわりに円形のカウンターをしつらえて、簡単なおつまみとともにワインをグラス売りする。こういうところで飲ませるヴェルデは白のほうが多いが、まるでドブロクのように濁っていて発泡性がある、きわめて野趣に富んだ酒である。

カウンターで食べるつまみとしては、魚介類の揚げものなどがよくこの酒に合う。

ポルトガルは、我が〝天ぷら〟の発祥地である。

リスボンの、古い港の市場通りを歩いてみると、いろいろなものが見つかる。

魚を厚い衣でからめて、鍋の油で押しつけるように揚げているのがまさしく天ぷら。もちろん衣を薄くして天つゆをつけて食べるようにしたのは日本人の工夫だが、リスボンの港で太ったおばさんが魚を揚げているようすを見ると、なるほどこれが原型か、と一種新鮮な感動を覚えるものだ。

お菓子屋さんでは、鶏卵そうめんとまったく同じものが売られている。金平糖もある。両方とも、ポルトガル伝来のものなのである。

私は、はじめてリスボンへ行ったとき、本当に興奮して市場を歩いた。

「カステラはどこだ！」

天ぷらがあれば、当然カステラもあるはずではないか。

足早に歩きながら視線を店先に集中していると……あった、あった。

「これだ。これがカステラじゃないか」

日本のカステラとは、かたちが違う。四角くなくて、丸いのだ。直径四十センチくらいはあるだろうか。まん中に穴があいている。しかし、表面の焦げた色はまさしくカステラそのもの。なんだか懐かしい気分にさえなってくる。

カステラの語源は〝カステリア王国のパン〟という意味から来たとか、諸説があって不明だが、ポルトガル語では、

〝パン・デ・ロー pão-de-lô〟

という。いうまでもないと思うが、いま私たちが使っている〝パン〟という言葉もポルトガル語からの借用なのだ。

パン・デ・ローには、地方によってさまざまなかたち、つくりかたがあるらしいが、基本的には小麦粉と砂糖をたくさんのタマゴ（黄身と全卵）を泡立てたところへ加え、型に入れて焼く。そのとき、金型（鍋）に紙を敷いて焼くのが習わしのようで、だから焼き上がったカステラ、いや、パン・デ・ローの周囲にはペッタリと紙が貼りついているのである。

私は市場で大きなパン・デ・ローをひとつ買い、海が見えるところまで行って、まず周囲の紙を少しはがし、そこにこびりついている焼け焦げの部分を食べた。やはりこのパンも、そこのところがいちばんおいしいのだ。

ところが、これはつい最近になってわかったのだが、パン・デ・ローの特徴は、外の皮のところではなく、中のふわふわした部分にあるのだという。

私は、学生の頃言語学をかじったせいか、いつも言葉の意味が気になるたちで、パン・デ・ローの〝ロー〟というのはなにを示すのか、ずうっと気にかかっていたのである。パン・デ・ローとは、〝ロー〟のパン、ということだろう。だとすれば、〝ロー〟とはなにか。

私はポルトガル語はわからないが、"ló"という字を辞書で引けばなにか出ているだろうと思い、わざわざ葡日辞典を引いてみたのだが、出ていないのだ。

疑問に答えが得られたのは、最近、ポルトガルの政府観光局の人に会って話をしているうちにたまたまカステラの話題になり、そうだ、聞いてみよう、と思って質問したからだ。

「ロー……というのは、ああ、辞書には出ていないかもしれませんね。なんていうのかなあ、あのパンの、中身の、ふわふわしたところのことをいう言葉です。それがあのパンの特徴だということで」

へーえ。言葉の意味に関してはたしかに疑問は解消したが……でも、やっぱりカステラは皮の焦げたところがおいしいんだけどなあ。

2 ヨーロッパ食紀行

英国式朝食

イギリスでもっとも豪華で美味なるものは朝食である、といって、ほかの料理や食べものをほめなくても、寛大なイギリス人はきっと許してくれるだろう。本当だからだ。

イングリッシュ・ブレックファースト。

この頃はしだいに伝統の影が薄れ、昔のようなフルコースを朝に食べる人は少なくなっているようだが、逆に一部の高級ホテルなどではかつての美風を復興しようと、選り抜きの紅茶を添えたボリュームたっぷりの英国式朝食をサービスするところも増えてきている。

スタートは、まず、紅茶。これは大ぶりのポットに熱々のがたっぷりと用意され、新鮮なミルクとともに何杯でもおかわりできる。もちろん最初にジュースでのどをうるおすのもよい。

食べるものははじめにシリアル。乾燥穀物にミルクをかけて食べるもので、イギリスらしいといえばオートミールか。次に、ベーコンかポーク・ソーセージを焼いたものに、好みの料理法によるタマゴ。このときにキッパード・ヘリングという、ニシンの燻製を食べることもある。朝からニシン？　とはじめはびっくりするが、この黄金色のふっくらとした（背開きにされているので一見ウナギの蒲焼きのように見える）〝キッパーズ〟は、これがうまいのなんの、目からウロコとホッペタが同時に落ちてしまうというしろものだ。

ベーコンも素晴らしいが、私はとくに、ポーク・ソーセージが好きである。フレッシュな豚の挽き肉を、胡椒やハーブとともに腸に詰めた、ピンク色の、ふにゃふにゃの、なんとも頼りないソーセージで、焼いて食べるのだが、口に入れると、もちゃっもちゃっと上あごにくっつくような感触があって、はじめて食べる人は例外なく、なんだこりゃ、と叫んだりするのだが、何度か食べてその風味とテクスチュアに慣れてくると、これを食べないと英国の朝がやってこないような感じになってくるから不思議である。

イギリス人の料理は、一目で人を魅了するような派手さはないが、まずそうだと思って食べているうちに意外な滋味を発見してしだいに離れがたくなる。ポーク・ソーセージは、ある意味ではイギリス的なるものの象徴かもしれない。

そして、もちろんなくてはならないのが、パン。いうまでもなくトーストにするわけで、薄切りにしてこんがり焼くのがイギリス風。つけるのはイギリスのバターと、ママの手づくりのマーマレード、といきたいところだ。

まさしく、イングリッシュ・ブレックファーストはフルコースである。

もともとは、寒い国だから朝からしっかりとエネルギーを補給して働くための生活の知恵だったには違いないが、いまの感覚からいうと、ずいぶん贅沢な朝食である。いや、メニューの内容が豊富、というだけではない、朝食にそれだけの時間をかけられることが、なによりも贅沢だといっているのである。

毎日、朝食の時間を好きなだけゆっくりと過ごすことができたら……それこそが、貴族の生活ではないだろうか。

森の国の永遠の美味

ドイツは森の国である。

この国にはいたるところに美しい森があり、人々はその中を散歩することを無上の楽しみにしている。

ドイツに旅行して出会った人に道を尋ねると、もちろん親切に教えてくれるが、なあに、すぐだから歩いて行けますよ、といわれてその通りにすると、行けども行けども目的地は遠く、途中で足が痛くて立往生してしまうことがある。彼らは森歩きでふだんから足を鍛えているので、遠い近いの感覚がだいぶ私たちとは違うのだ。

その森で、かつてドイツ人は豚を飼うのが習わしだった。村の農家は豚を森に放して、広葉樹林の恵みであるドングリをたっぷりと食べて太らせる。で、冬のはじめ、まるまると肥えた豚を捕って解体し、ベーコンやハムやソーセージをつくるのである。

それが寒いあいだ人々の生命を支える糧となった。

この習慣は、実はドイツだけのものではなく、フランスにもイギリスにもあった。しかし、ほかの国々が近代に入るとしだいに牛肉を多食するようになったのに対し、ドイツはいまでも頑なに豚肉を食の中心に据えて、相変わらずとびきりおいしいソーセージ類を生産しているのだ。

たとえばドイツの、どこかの街角でもいい、路上にクルマをとめて商売しているような屋台店で、フランクフルトなり、チューリンガーなりなんなりのソーセージを焼いたものを食べてみよう。小さなパンに切れめを入れてそこにソーセージをはさんで渡してくれる、そのなんと美味なことか！

地方によってさまざまの種類があるソーセージ類は、そのどれもが例外なくおいしい。また、豚肉の骨つきのかたまりを塩漬けしたものを茹でたアイスバインをはじめとする、塩蔵加工品の数々。どれも、ビールとパンにはすこぶる相性がよい。

ヨーロッパでは、豚を屠《ほふ》って加工品をつくる時期がちょうどクリスマスを控える季節に重なるので、クリスマス・ディナーに腸詰めを食べる習慣を持つ地域も少なくない。豚は、寒い冬にからだを温めてくれる、貴重な蛋白源だったのである。

牛を飼える草原が少なく、ワインをつくるためのブドウが栽培できる地域は限られ、白いパンのもとになる小麦もうまく育てることができない……つまりドイツの美味というのはそうした厳しい気候や土地の条件に縛られた、貧しい家庭の暮らしの中から生まれた美味なのだが、だからこそ、豊かになったいまの私たちにはより新鮮に感じられるのではないだろうか。

それにしても、経済的にあれほど充実した国になりながら貧しい時代の食べものを忘れない、あんなに優れた自動車をつくっているのに森を歩くことをやめない、ドイツ人というのはたいした人物たちである。

ムール・フリット

ベルギーは美味の国。フランスよりフランス料理がおいしいという人もいる。また、ワロン（フランス系）とフラマン（オランダ系）という二つの異なる文化を持っているだけに郷土料理にも特色があり、名物料理を挙げればいくつも……ないわけではないのだが、でも、やっぱり、ベルギー人の国民的料理（ナショナル・ディッシュ）は？　と聞かれたら、

「ムール・フリット」

と答えるのが妥当だろう。ムールは、もう日本人にもよく知られるようになったムール貝のことだ。フリットはフランス語で〝揚げた〟という意味だから、ムール貝のフライ？……と勘違いしそうになるがそうではない。これはフランス人の国民食がステック・フリット（牛肉の焼いたのにジャガイモの揚げたのを添えた一皿）であるというのと同じで、ムール貝の殻つきに、揚げジャガイモをたっぷりと添えた一皿であ

る。世界一のビール好きを自認するベルギー人は、これを肴にベルギー産のビールを飲むのがなによりの楽しみなのだ。

ムール貝は、さっと蒸して殻を開かせる。最初のひとつはフォークで身を取るが、二個めからは、最初の貝殻をピンセットのようにしてほかの貝の身をつまむのに使う。ムール貝の蝶番《ちょうつがい》はバネ仕掛けのようになっていて、フォークよりも使いやすいのである。

ジャガイモも、ベルギー産は特上物だ。フランスのレストランでも、
「うちのジャガイモはベルギー産のを使っています」
といって自慢するくらい。だから揚げたてのフレンチ・フライが特別おいしいのも当然だろう。まあ、ベルギー人の不満といえば、そんなにおいしいのに拍子木に切って揚げたジャガイモのことを〝フレンチ・フライ〟といって、〝ベルジャン・フライ〟と呼ばないこと、それに、平地ばかりのベルギー人は坂道の運転がヘタだといってフランス人が馬鹿にすることくらいだが、クルマの運転に関しては、先進国の中では運転免許の制度をもっとも遅く取り入れた国なのだからしかたないかもしれない。

ホッジ・ポジ・オブ・ライデン

一五四七年、オランダは激しい独立戦争の最中で、西部の主要都市ライデンは、強大なスペイン軍に包囲されていた。約一年間にわたって激しい攻撃にさらされ、孤立した市民は飢えと疫病に苦しまなければならなかった。

食料は日に日に乏しくなった。

残るものは、わずかなジャガイモとニンジン、タマネギ……。

それでも独立を目指す人々は歯を食いしばり、残り野菜とひとかけらのパンをかじりながら戦い続けた。結局、この頑張りが効を奏し、最後は水門を破壊してスペイン軍を水攻めにすることに成功、ついにスペイン軍を追い払ったのだった。

ホッジ・ポジは、ニンジンとタマネギを混ぜたマッシュポテト。乏しい残り野菜をつなぎ合わせた耐乏料理、というわけだ。いまでもこれを、オランダの人は独立記念日に食べるという。

オランダは、海よりも低い国として知られている。あの風車で水をかい出しては国土をつくってきた。私などがすぐに思い出すのは、堤防に穴のあいているのを発見した少年が自分の腕をその穴に突っ込んで洪水を防いだ……という、子供の頃教科書に載っていた話である。あれは、本当に実話なのだろうか。

いずれにしても、辛抱強く、精神的にタフな人々のようである。有名なニシンの立ち食いだの、インドネシアゆかりの米料理ライス・ターフェルだの、オランダにはそのほかにも特徴的な料理があるが、やはりこのホッジ・ポジは象徴的な〝国民料理〟といえるだろう。

こうした、国民のアイデンティティーを支えるような共通の料理を持つのは幸福なことだが、貧しさをしのぶといっても、この頃は茹でた大きな牛肉の厚切りを、ホッジ・ポジにも添えるかのせるかするのがふつうのようだ。あれだけ背の大きい人たちのことだ、そのくらい食べなければ、おなかがすいてたまらないに違いない。

ウィンナー・シュニッツェル

ウィンナー・コーヒー、ウィンナー・ソーセージ、ウィンナー・シュニッツェル……オーストリアの首都ウィーンにはその名にちなんだ名物がたくさんあるが、ウィーンへ行ってカフェに入り、

「ウィンナー・コーヒーをください」

といっても通じない。ソーセージも同様。両方とも、外国人が、これこそウィーンが本場だ、と思い込んでつけた、外国用の呼び名だからだ。

ところが仔牛のカツレツ――ウィンナー（ヴィーナー）・シュニッツェルだけは、ウィーン子みずからがそう呼んでいるから、正真正銘御自慢の一品と受け取って差し支えあるまい。

仔牛の薄切り肉に細かいパン粉の衣をつけ、上質のラードで炒めるように揚げる。これがつくり方だが、衣をつける前に肉をよく叩いて柔らかくしておくのがコツのよ

うだ。裏通りの食堂の横を通ると、マナ板の上にのせた仔牛肉をトントンと叩く音が聞こえてくることがあるが、そのせいか、カリッとした厚めの衣の表面を嚙むと続いてフワッとした肉の柔らかさとよい香りが口の中に広がって、

「これが正しいシュニッツェルなのだ」

と叫びたくなるほどの幸福なおいしさを感じてしまう。

かつてオーストリア帝国は、欧州中央を支配する大国であり、古都ウィーンは東と西の文化をつなぐ回廊であった。仔牛のカツレツもイタリア（ミラノ風カツ）との交流を示しているし、古くからカフェが発達し、いまでもウィーンのコーヒーがとてもおいしいのもこの都市が東洋に向かって開かれた都であったことを示している。

コーヒーは、アジア（中東）の文化である。木の原産地はエチオピアともいわれるが、アラビア諸国で育まれアルメニア人、トルコ人によってヨーロッパに伝えられた。その意味で、かつてオスマン・トルコと対峙していたオーストリア帝国は、ヨーロッパにおけるコーヒー文化受容の最先端地であったのだ。そういえば、トルコ国旗にある月のかたちを模した〝クロワッサン〟も、一六八三年、トルコ軍に包囲されたウィーンが反撃に成功したのを記念してつくったのがはじまり、というのだから、お昼か夕方にシュニッツェルを食べるなら、朝食はクロワッサンというのが正解だろう。

シギショアラの朝食堂

ルーマニアのトランシルヴァニア地方といえば、吸血鬼ドラキュラの故郷として知られるところである。私はかつて東欧を周遊したときに、この地方の中心都市であるシギショアラという街を訪ねたことがある。

寒い季節で、しかも山深いところだから、朝晩は厳しく冷える。

私は街なかにあるホテルに泊まり、朝になって、コーヒーでも飲もうかと外へ出た。もちろんホテルの食堂で朝食をとるのがいちばん簡単なのだが、はじめて行った珍しい国では、とにかく外に出てみることにしている。犬も歩けば棒にあたる、というではないか。

少し歩いたが、コーヒーショップのようなものは見当たらない。ひょっとしたら、時間が早過ぎたのだろうか、と思って不安になる頃、一軒のレストランが朝から店をあけているのを見つけた。厚いコートを羽織り、毛皮の帽子をかぶって、鞄を下げた人たちがおおぜい出入りしている。通勤途中に、ここで朝食をとっていくらしい。言葉がわからないので、とにかく座り、隣の人の食べているものを指さして注文する。

それは、ニンニク入りのスープだった。

そして、パンと、豚肉を厚く切って揚げた、まさしくトンカツのようなもの。みんな朝っぱらからそんなものを食べているのである。これには本当に驚いた。

寒い山間地では、朝からしっかりおなかに入れておかないと、元気を出して働くことができないのだろう。ニンニクのスープを、ナマの唐辛子をかじりながら食べるのだが、食べるそばからからだがポカポカと温まってくる。これなら、きっとドラキュラも寄りつくまい。

牛のシッポ

スペインへはフランスから鉄道で大西洋を伝って入ったのが最初だったが、そのとき私はスペイン側の駅で降りるとすぐに駅前の安食堂にとびこんで、

「牛のシッポ！」

と叫んだ。

「牛のシッポをください！」

最初の店では首を横に振られ、次の店では不審な顔をされ、三軒めでようやく、

「まあ席に着け」

というようなことをいわれて（あいにくスペイン語はわからないのだが）、私はいよいよ念願が叶うかと思ってうれしくなった。スペインでは闘牛で殺された牛のシッポを食べる、と聞いていたのでぜひそれを味わいたいと思い、牛のシッポという単語だけをしっかり覚えてやってきたのだ。

が……なあんだ、そうだったのか。

期待に胸をふくらませて待っている私の前に出てきたのは……ほかの国でも見慣れた、単なるオックステイル・シチューだったのである。ま、牛のシッポはまさしくオックステイル。ちょっと考えればわかったことだったのだが、どうやら闘牛のイメージに幻惑されて過剰な想像をしてしまったらしい。

私はそれ以降、牛のシッポを求めることはやめて、スペインではもっぱら新鮮な魚介類を楽しんだ。

スペインの浜辺で大西洋を眺めると、私はある種の感情を抱く。そうだ、ヨーロッパ人はここから海へ出ていったのだ、という思いである。そしてトウモロコシやらジャガイモやらトマトやらトウガラシやら、いまではヨーロッパでもアジアでもなくてはならない日常の食物を、新大陸から運んでくる役目を果たしたのだ……。

私が〃牛のシッポ〃をなにか特別なもののように勘違いしてしまったのも、そんな〃進取の気性に富んだスペイン人〃という思い込みがあったからかもしれない。

スペインは天然の幸に恵まれた、健康的な美食の国である。さすがに闘牛の牛のステーキは筋張っていて硬かったが、食べると元気が出てくるような料理が多いことはたしかである。

家族とパエリャ

ちょうど昼どきのスペインの町を、ひとりで歩いたことがある。

天から照りつける強烈な太陽。足もとを見ると、ほとんど影がない。白塗りの城壁のあいだを縫う細い石畳の道を、私はトボトボと歩いていた。町はずれの住宅地。あたりはしんと静まり返って、人っ子ひとり、いや、猫さえ姿を見せない。

旅の身の私は、ひどく空腹を覚えていた。が、迷い込んだ見知らぬ町の見知らぬ界隈には、食堂の一軒すら見つからない。

どうやら高級住宅地のようで、どの家も高い塀に大きな鉄の扉をつけていて、中をうかがうことができない。

きっと、扉をあけて中に入れば、玄関の奥にパティオがあり、涼しげな緑に囲まれた日陰で、家族が集まって楽しい食事をとっているに違いない。

そう思って扉に耳を近づけると、かすかにナイフとフォークの触れ合う音と、話し声のざわめきが聞こえてきた……。

四半世紀も前、私が貧乏旅行をしていたときの話だが、いまでもはっきりとよみがえるスペインの夏の情景である。あのとき私は、〃家族〃というものに、嫉妬を覚えたのかもしれない……。

この一件が印象を強めていることもあるが、スペインといえばやはりおおぜいの家族がわいわいがやがやと楽しむ食事、というイメージがあり、その象徴でも代表でもあるのがパエリャである。あれだけは、一人や二人で食べるものではない。

地方でも家族でもパエリャに使う材料は異なるが、要するにエビや貝など魚介類、それに鶏、豚、ウサギの肉や、野菜を炊き込んだごはんである。専用の平たい鍋を使ってコメをオリーブ油で炒め、各材料を並べて味を滲ませればできあがり。実においしいものである。

昼食の終わったスペインの家の裏手には、よくこのパエリャ鍋が干してある。

ポルトガルのアロス

ポルトガルの食べものには、妙に懐かしさを感じさせるものが多い。もともとは北部地域の名物だがいまでは全国的な〝おふくろの味〟になっているのがカルド・ヴェルデというスープ。放っておくと茎がニョキニョキと伸びる多年生のキャベツの青い葉を掻き取って細く刻み、すり潰したジャガイモとともにスープにするのだが、色といい、見たようすといい（ジャガイモのマッシュが汁の中に漂っているところなど）不思議なことに日本の味噌汁に似ている。飲むと心が温まるところも同じである。

ポルトガルには、コメの料理も多い。

イタリアならリゾット、スペインならパエリャ……というように、ヨーロッパではそれぞれにおいしいコメの料理があるが、私はポルトガルでレストランに入るとたいてい〝アロス〟を注文する。

アロスというのは〝コメ〟という意味のようだが、パエリャよりも、リゾットよりも、もっとコメ粒が柔らかく仕上がって、汁もやや多めである。つまり、見た目は雑炊そのもの。アルデンテのコメ粒よりずっと優しく日本人の口におさまるし、油っこくもない。

田舎のレストランなどでは、アロスは素焼きの器に盛られて出てくる。分厚く成型された楕円形の鉢の両端を指でつまんでちょっと細くした、ナポレオンの帽子みたいなかたちの容器が定番とされているらしい。その色合いにもかたちにも素朴な味わいがあって、私はいつも買って帰りたいと思うのだが、割らずに持ち帰る自信がないのでまだ試みていない。

魚食の不思議

生きている魚はナマで食え、死んだ魚は焼いて食え、腐った魚は煮てしまえ、というのが料理の鉄則……かと思っていたら、このあいだ、あるベテランの漁師から、それは、生きている魚は焼いて食え、死んだ魚はナマで食え、というのが正しいのだと教えられた。

つまり刺身の味はしめたあとしばらく時間が経過してからのほうがよく、まだ身の硬いとれたては焼いたほうがうまい、というのである。

私はこれを聞いて、なるほど本当に新鮮な魚を毎日扱っている人はいうことが違う、と感心したものだが、ところでこの焼き魚（魚を直火でグリルする）という調理法が、日本以外ではせいぜい地中海周辺ぐらいにしか存在しないことはあまり知られていない。少なくとも旧大陸では、中国にも西アジアにも焼き魚という料理はなく、ヨーロッパでも地中海以外では、ポルトガル、英国の一部が例外的に魚を焼くだけで、あとは揚げるか煮る（茹でる）か漬け汁ものにするか、焼くにしてもオーブンでローストするのがふつうである。

イタリアや南仏で食べる、タイムの小枝を焼いて香りをつけたスズキのグリル。ポルトガルの、イワシの塩焼き。

思わず垂涎《すいぜん》の一品だが、やはり焼き魚は新鮮な魚が豊富にとれる地域だけの贅沢な調理法なのだろうか。

いくら新鮮といっても魚をナマで食べる国は日本を別にすればほとんどないといっていいくらいの少数派だが、ヨーロッパでも貝類となるとみんな平気で生食するのだからこれも不思議である。

不思議といえば、魚に関しては宗教的、習慣的なタブー（禁忌）があるのに、エビやカニに関してはほとんど例外なくどの民族の人々も喜んで食べるのも不思議だ。たとえばイセエビ（ロブスター）のとれる海の近くに住んでいてそれを食べない人間はいないし、カニの嫌いな民族もいない。いや、もちろん個人的な好みでエビやカニを食べない人はいるが、どの文化でも（肉についてはやれ羊がいちばんだ牛肉が最高だとうるさいが）魚介の中ではエビやカニを好感度ナンバーワンに挙げる、その共通の嗜好が不思議だというのである。ま、不思議でもおいしければいいか。

鏡タマゴのクレープ

フランス、ブルターニュ地方を旅行してきた。ちょうど星形をしたフランスの左腕にあたる、大西洋に突き出した半島である。

ブルターニュの名物は、カキ、カニ、エビなど新鮮な魚介類。そして、クレープ。クレープはもともと、小麦よりソバがよく育つこの土地で日常の食事（とくに精進の食事）として親しまれたものだった。

クレープの正しい食べかたは次の通り。

まず、ソバ粉（を水と塩で溶いた）のクレープを一枚、バターをつけて食べる。

次に同じくソバ粉のクレープを、ソーセージをのせて、あるいはタマゴをのせて、もう一枚。

最後にこんどは小麦粉のクレープ（牛乳にタマゴを入れて溶く）を一枚、砂糖やジャムをのせてデザートがわりに食べる。

これでフルコース、というわけだが、小麦粉が貴重で贅沢であった時代がしのばれる食べかたといえるだろう。

パリにもクレープ屋はあるが、さすがに本場ブルターニュで食べるのはひと味違う。とくに薄くパリパリに焼いたソバ粉のクレープの上にポンとタマゴを割って落とし、上からパラパラとグリュイエール・チーズを振りかけた一品！ 熱い鉄板の上でそこまでの作業を終え、丸いクレープを四方から折り返して皿の上に四角く盛る。テーブルに運ばれてきたときにはすでにチーズが溶けて、ナイフで切るとタマゴの黄身が広がって……まだ柔らかい黄身と、よく焼けた白身と、パリッとしたソバ粉のクレープの歯ざわりが、なんともいえない味わいだ。

クレープの上からタマゴを落とす場合は白身だけを素早く潰して広げるのだが、別の鉄板で目玉に焼いたのをあとからクレープの上にのせるのを好む人もいる。いずれにしても黄身は丸く盛り上がって、これを地元の人は、

「鏡タマゴ（ウフ・オ・ミロワール）」

と呼んでいる。周囲のクレープからの湿気で、オーブンに入れたときと同様、黄身の表面に光を反射する薄い膜ができるからそういうのだそうだ。

復活祭の前の四十日間、敬虔なキリスト教徒は肉断ちの精進をおこなうのが伝統だ

った。クレープは、その四旬節の食べものとしてもよく知られている。

タマゴは、復活のシンボルである。

あたかも死んだような硬い殻が突然割れて、そこから新しい生命が誕生してくる。だから復活祭（イースター）には色とりどりにペイントしたタマゴを飾るなどの習慣が欧米にはあるわけだが、ブルターニュ半島の人々も、鏡タマゴのクレープを食べながら、ういういしいヒナが誕生するように再び希望に満ちた春が復活してくるのを、心待ちにしていたに違いない。

ビフテキはフランス料理

フランス人は毎日なにを食べているのか？

答えは……フランス料理、いや、それともビフテキ？

私たちはレストランでフランス料理を食べることはあっても、実際にふつうのフランス人がフランスでどんな食事をしているかについてはほとんど知らない。フランス人が（日本のフランスでフランス料理屋で出てくるような）フランス料理を毎日食べていると思うのは、日本人が毎日懐石料理を食べているというのと同じ誤解である。

正解はビフテキ。牛肉をグリル焼きしたものに、フレンチフライド・ポテトをたっぷり添えたもの。〝ステック・フリット〟と呼ばれるこの簡単料理が、フランス人の日常の食卓に欠かせないナショナル・ディッシュ（国民的料理）なのである。肉の味つけは塩胡椒のみ。好みで辛子をつけて食べる。いわゆる〝ソース〟は一切ナシ。

ただし毎日の食事でも彼らはいちおうコースにして三品（前菜、メイン、チーズまたはデザート）は食べるから、ステック・フリットの前に、たとえばトマトやニンジンのサラダだとか、ソーセージやパテなどすぐに食べられる冷菜、あるいは茹でタマゴのマヨネーズかけといったものを一皿食べる。そして、パンを食べながら肉とジャガイモをかたづけ、その皿に青菜（レタス）のサラダを取って食べ……最後に果物かお菓子かなにかで締めくくる、のである。

こうしてみると、いわゆるフランス料理のイメージとは違って、ずいぶん健康的なメニューだ。適量の蛋白質、十分な炭水化物、大量の野菜……レストランの料理と違って、毎日食べ続ける家庭料理というのはかならず栄養のバランスがとれていなければならないものだが、フランス人が毎日こういうものを食べているのだとすれば、むしろこちらのほうこそが本当の、〝フランス料理〟といえるのではないだろうか。

3

玉村式おいしい食卓

夏と冬の朝食

朝は空腹で目がさめる。

田舎暮らし、それも畑仕事をやるようになってからはいつもそうだ。起き抜けに犬たちの散歩を三十分ほどして戻ってくる頃には、フランス料理のフルコースですら食べられそうな食欲になっている。

実際、朝をしっかり食べておかないと、力仕事ができないのだ。畑に出てから、パワーが続かない。

だから夏から秋にかけての忙しい農繁期には、コーヒーとパンという定番メニューに、ベーコンやソーセージ、タマゴ、レバーペースト……といった蛋白質、さらにヨーグルトや牛乳、それに畑でとれたイチゴやブルーベリー、ご近所からもらいもののモモやリンゴ、といった果物が朝の食卓に並ぶ。お客さんが来てなにか特別な料理をつくるとき以外は、一日のうちで朝がいちばんボリュームのある食事になることが多い。

そのかわり、秋が終わって、外の仕事がなくなる冬には朝食のメニューも一変する。この時期は、起床の時間も遅くなり、朝食をとったあとは書斎にこもって原稿書き、というパターンがふつうである。だから、朝は軽くパンとコーヒーだけ。パンはホワイト・ブレッドのトーストを食べることもあるが（そういうときは薄くスライスしたメルバ・トーストにしたりもする）、クルミやブドウの入った全粒粉またはライ麦粉入りのヴァラエティー・ブレッドも用意してある。それらに、自家製のマーマレードかジャム（イチゴやモモ、プラム、ブルーベリーなど）、蜂蜜などをたっぷりつけて食べるのだ。

朝に甘いものを食べるのは、頭の働きを活性化するために役立つ。脳の細胞は糖分しか食べない（蛋白質は不要）ので、とりあえず甘いものを補給してやるのが、頭脳労働のためにはよいのである。

冬は頭脳労働のための朝食、夏は肉体労働のための朝食。私の場合は、シーズンによってはっきりとパターンがわかれている。

網焼きトーストと森のイチゴ

朝のトーストは、網で焼く。

去年からそういう習慣になった。

きっかけは、我が家に一カ月ほど逗留していた友人が、

「自分はイギリス式にパンは網で焼くことにしているから」

といってモチ焼き網を使いはじめたことだ。ガスの火で焼くのだが、なるほどそうしたほうがトースターを使うよりおいしい。以来、友人が去ったあともその習慣が残った。

トースター、とくに昨今のオーブン・レンジ兼用のものは、焼けるあいだにパンの水分を奪ってしまう。カリッとはするが、食パン特有のしっとりとした食感が失われる。しかも網で焼くほうが時間がかからず都合がよい。網はその後新しい魚焼き網（石綿つきの）を買ってトースト専用にしている。

トーストには、バターをたっぷり塗る。マーガリンは使わない。ローカロリーの代用品も使わない。だって、本物のバターのほうがおいしいんだもの。

おいしいものは、おいしく食べる。

食べるときは、しっかり満足するように食べる。

ただし、まずいものは避ける。たとえそれが健康によいといわれているにしても、だ。

健康は、気にしてはいけない。ビクビクしながら食事をするのはいちばん健康に悪い。気にしないで、気をつけること（それが難しいのだが）。バターをたっぷり食べたら、ほかの食事で動物性脂肪を減らせばよいのだ。そのあたりのバランス感覚で全体をコントロールしながら、一回一回の食事を楽しみたいものだ。

トーストにつけるジャムは自家製。〝森のイチゴ〟と呼ばれる小型のイチゴを栽培しているので、毎日少しずつ採っては砂糖をかけて一晩置いておく。で、翌日それを軽く煮て、前日までの分に足すのである。

甘くて、とてもおいしい。

裏も表もウェットで

イギリスの田舎町の食堂で、料理——といってもポーク・ソーセージに煮豆を添えた、という程度の簡単な一品だが——を注文するときにパンも持ってきてくれるよう頼んだら、

「ドライ・オア・ウェット？」

と聞かれて戸惑ったことがある。

フランスでは、料理を注文すればパンは無料でついてくる。

イギリスでは（日本と同じように）有料、別注文である。そして、ただ、

「パンを一枚（ア・ピース・オブ・ブレッド）」

といえば白い食パンが一枚、ナマのまま出てくるのは承知していたのだが、

「乾いたのか、湿ったのか」

という質問には意表を突かれた。

その質問ばかりが印象に残って、実際に私がどう答えたかははっきり覚えていないのだが、ドライというのはなにもつけないそのまま、ウェットはバターを塗ったパンのことである。バターの分だけ、ウェットのほうが高い。

さて、私の朝食はパンと、コーヒーまたは紅茶である。

パンは、トースト。もちろん、バターを塗る。

一斤のパンの最初と最後は、片側が硬い端切れである（食パンをスライスしたときの四周は〝耳〟というが、あの端のところにはなにか特別な呼び名があるのだろうか）。この端のところが当たった日には、私は特別念入りにこんがりと香ばしく焼き上げ、両面に、思い切りたっぷりバターを塗る。

子供の頃、母親から、端だけには両面にバターを塗って食べることを許されていたのである。昔、バターは高価な、貴重品であった。だからふだんは片面にだけ、ほんの少し。私はパンを食べる日には、端っこが当たりますように、と祈ったものだった。

あれから四十年経った。いまは祈りはしないが、当たるとやはりうれしい。

子供の頃の癖

私が自分で料理をつくるようになったのは大学生になってから、それもフランスに留学して以降のことだが、昔の子供は誰でもそうであったように、小さい頃からよく台所に入って母の勝手仕事の手伝いをしたことはあった。豆の筋を取る、すり鉢を両手でおさえる……それから、サンドイッチをつくるときパンにバターとカラシを塗るのも、早くから私の仕事だったように覚えている。

私が好きだったのは、四角いソーセージの薄いスライスを四角い薄いパンのあいだにはさみ、バターと、カラシと、マヨネーズを塗ったサンドイッチである。しかし私がやるといつもマヨネーズが多過ぎると母にいわれた。マヨネーズが多いと酸っぱすぎる、と母はいうのだが、私はその味が好きだった。

こんなことを思い出したのは、最近、朝食に〝タマゴ・マヨネーズ・サンド〟をときどき食べるようになったからだ。

薄めのトーストを、表裏ともこんがりと焼き、二枚ともバターを少し塗っておく。

樹脂加工のフライパンを熱し、タマゴをひとつ割り落とす。そしてすぐにフライ返しでかたちを崩し、ときどき引っくり返しながら全体が四角っぽいかたちになるよう整える。塩胡椒。中がまだ少し柔らかいくらいのところで火を止め、全体をフライ返しにのせてそのまま一枚のトーストの上に移す。

その上に、チューブからマヨネーズをひねり出し、ナイフで均等に延ばす。で、上からもう一枚のトーストを重ねてできあがり。

結構これがイケるので、毎朝のように食べているのだが、タマゴを溶かずに焼いたりフライ返しからパンの上に直接移すのは少しでも皿を汚すまいという配慮。そして、かじると二枚のトーストのあいだからどうしてもマヨネーズがはみ出すのは、子供の頃の癖が抜け切らず、ついマヨネーズを余分に出してしまうからである。

キューカンバー・サンドイッチ

今年はキュウリがなんとかできた。病気にかかりやすい作物で、栽培がなかなか難しいのだ。

うちのキュウリは、西洋種である。日本のキュウリとくらべると二倍以上太く、濃緑色の硬い皮を持ち、中心部のタネが少なく果肉が多い。この夏、我が家に遊びにきた友人は、

「あ、これ、サンドイッチに最高じゃない」

と異口同音にいったものだ。

キューカンバー・サンドイッチ。英国人の、大の好物である。

西洋キュウリを薄くスライスして、軽く塩を振ってしばらく置く。食パンを薄切りにしてたっぷりとバターを塗り、出た水を拭き取ったキュウリをその上に並べてサンドイッチにするわけだ。好みで白胡椒を振ってもよいし、キュウリを生クリームでか

らめてから並べる手もある。が、シンプルに塩とバターというのがいちばんいいかもしれない。

キューカンバー・サンドイッチというと、ケチな（？）英国人の貧しい食事の代表のように受け取られがちだが、一度食べてみると病みつきになるような渋い滋味があるものだ。

英国では、夜八時に、といわれたら夕食の約束。六時、なら軽いティーとシェリー酒くらいのパーティーへの招待だ。二時間ばかり、飲みものとともにクッキーやサンドイッチをつまんでお開き、というカクテル・タイム。こういうときに、キューカンバー・サンドイッチは最高のアイテムになる。

そういえばまだ若い頃、ロンドンで家庭に招かれたことがあった。六時に来いというので私はてっきり夕食が出るものと思い込み、早目に軽い昼食をとって夜に備えた。計画はうまくいき、六時にお宅に着いた頃には早くも牛が一頭食べられそうな空腹を抱えていたのだが……出てきたのはシェリー酒とクラッカーだけ。目の前が真っ暗になったものだ。あのときは、キューカンバー・サンドイッチもなかったように思う。

おいしい豆はからだにいい

我が家では、豆をよく食べる。リマ・ビーンズ、キドニー・ビーンズ、アナサジ・ビーンズ……そのほか名前はよくわからないが茶色いの、赤黒いの、縞のある豆、黒い斑点のある豆、など、買ったりもらったり畑でつくったりした各種の豆がビンや袋に詰めて保存してあって、しょっちゅう戻しては食べている。

使うには前の晩から水に漬けて戻す必要がある。その点が面倒といえば面倒だが、いっぺんにたくさん戻しておき、三分の一は甘く味つけして和風の煮豆に、残りは薄い塩味だけで水煮しておいて、必要に応じてサラダ油（オリーブ油）と酢で和えてサラダにしたり（タマネギのみじん切りや、好みのハーブを加えてもおいしい）、鶏や肉のスープで煮たりトマトソースで煮たりして食べると、鍋一杯の量も数日で消えてしまう。肉料理のつけあわせにもよいし、豆といっしょにベーコンや豚肉、鶏肉などを煮こんでもおいしい。

豆はからだにいい。

そしてなによりも、おいしい。食べ慣れるにしたがって、豆の持つ滋味というものがしだいにわかるようになるはずだ。

豆とパンの組み合わせは、中世以来のヨーロッパの基本的な栄養バランスをかたちづくっている。わずかの塩豚肉でダシをとったスープに、豆とキャベツなどの青菜を入れてコトコトと煮こんだ鍋。それにひとかけらのチーズとパン（と、できればワイン）があれば、人はどんなに厳しい労働にも厳しい気候にも耐えていくことができたのである。

からだにとって必要なもの、健康にとって役立つもの、そういうものが本当においしいものであり、そういうものをおいしいと感じるのが正しい味覚なのだ。

豆をスープで柔らかく煮てフォークの先でなかば潰したものを、焼きたてのトーストの上にのせ、荒挽き胡椒とオリーブ油を振りかけて食べるのもおいしい。

ブルスケッタとパンツァネッラ

イタリア料理の代表的なものをひとつ挙げよ、といわれたら……。

これは難題である。パスタ、魚介料理、仔牛料理、野菜……素材に恵まれ、地方ごとに異なる調理法の伝統を持つイタリアで、たとえば十人のイタリア人にそう質問したら、おそらく十の違った答えが返ってくるに違いない。が、私は敢えて、ブルスケッタとパンツァネッラ、つまり、もっともシンプルなパン料理を、もっともイタリア的な感覚をあらわすものとして取り上げたい。

大きな田舎パンを一センチ弱の厚さにスライスし、両面を軽く焼く。その熱いところへニンニクをすり込み、濃いオリーブ油をたっぷりとかけ、塩と胡椒を振る。これがもっともシンプルな（中部ラツィオ地方の）ブルスケッタ。ヴァリエーションはいろいろあり、切った新鮮なトマトを上にのせたり、あるいはトマトをこすりつけたりしながら潰して味をしみ込ませたりもするが、同様の場合でも、焼かないナマのパンを少し湿らせてからトマトをこすりつけたもの（そのあとで塩とタマネギのみじん切りを振りかけ、オリーブ油をたっぷり垂らす）はパンツァネッラと呼ばれる。

ブルスケッタというのは〝ブルスカーレ（焙る）〟という語から来ているから、というのだが、いずれにしても、家に置いてあるやや硬くなったパンを利用してちょっとした前菜ないし間食に仕立てようとするアイデアには変わりない。

料理と呼ぶのもはばかられるような一品だが、田舎風で、家庭的で、素朴で、単純で、しかしなんともいえないジワッとしたうまさがある、という点で、私はいかにもイタリア料理の核心を衝く食べものだな、と感じるのである。もちろん、オリーブ油の質が味を大きく左右する、という意味においても。

私がある食堂で注文したブルスケッタは、煮豆の上にポンとのせられて出てきたが、渋めの白ワインによく合った。

クラブハウス・サンドイッチ

クラブハウス・サンドイッチ、というのがある。正しくはアメリカン・クラブハウス・サンドイッチ、というらしいが、クラブ・サンドなどと略したりもする。

この、三層のトースト・パンのあいだにベーコンや鶏または七面鳥のロースト、トマトやレタスなどをはさむのが習わしのサンドイッチをなぜ〝クラブハウス〟と呼ぶのか、残念ながら私には知識の持ち合わせがない。どなたか、ご存知の方があったら教えてもらえないだろうか。

由来は知らないがなかなかおいしいもので、私はホテルのコーヒーショップなどで昼食をとるときにはよくこれを頼む。たいがいポテトチップかフレンチ・フライが添えられていて、相当のボリューム感がある。欠点は、どう食べてもたいがい途中で崩れてしまい、よほど大口をあけないかぎりうまく食べられないことである。

クラブといえば、東京に住んでいたときに通っていたスイミング・クラブの食堂で、行くたびに食べていたサンドイッチがある。

それは薄めのトーストのあいだに、エビフライをはさんだもの。揚げたてのエビフライのシッポを取って、横から包丁を入れて半身にスライスして（たしか中型のエビが二尾使ってあったと思う）レタスの上に並べ、タルタルソースをかけてからはさんである。タルタルソースといっても市販のマヨネーズにピクルスとタマネギのみじん切りを混ぜただけの簡便なものだったが、なんともいえずおいしかった……。

たしかクラブでは単に〝海老フライサンド〟と呼んでいたように覚えているが、クラブハウスの食堂で出すメニューである以上、あれも立派なクラブハウス・サンドイッチの一種であるに違いない。

ベーコンと鶏肉でクラブハウス・サンドをつくるときにも、私は、パンは二層にすることにしている。サンドイッチは、なによりも食べやすさが取り柄なのだから。

バターの海を泳ぐ魚

友人がイワナを釣ってきた。

早速ムニエルにする。

美しいとれたての魚に塩をし、一方で厚手のフライパンを強火で熱しておく。そしてバターの塊を取り出してポンと中に放り込み、ほどよく溶けて黄金色の泡が立ちはじめたら、手早く粉をはたいた魚体をそのバターのベッドの上にそっとのせてやる。

手順はこれだけだ。

あとは焼けていくイワナを優しく見守って、下側の皮にパリッとした脆さと香ばしい色がついてきたことを横目で確認して、かたちを崩さないように裏返せばよい。

バターを熱するにしたがって煙が出、焦げ色がついてくるが、刺身でも食べられるような新鮮な魚の場合はなるべく強い火で表面をカリッと仕上げることに専念し、バターが焦げ過ぎたらまた新しいバターを加えて温度を下げるように私はしている。

両面ともうまく焼けたら皿に取り、あとのフライパンにもうひとかたまりの新しいバターを加え、それが溶けかかる頃、魚の上からかけてできあがり。茶色くなった焦がしバターのヘーゼル・ナッツのような香りと、溶けたばかりのバターの若い匂いがあいまって官能的だ。

えっ？　バターを使い過ぎるって？

そうそう、そこが肝腎なところなのだ。

〝ムニエル〟は、正しくいえば、〝ア・ラ・ムニエール à la meunière〟つまり、「粉屋さんのように」という意味で、魚に小麦粉をつけてから焼くためにその名がついた料理法。これを日本では〝バター焼き〟と訳すのがふつうだが、せっかくそう訳しておきながら、本場のやりかたとくらべると使うバターの量が圧倒的に少ない。

ムニエルに限らず、西洋料理の腕を上達させるコツは、バターをいまの三倍使うこと、である。そうすればバターの味や香りに対する理解も深まり、使うべきときにはたっぷりと使い、必要でないときにはきっぱりと控える、メリハリのコツがわかってくるだろう。要するにバターの使いかたがうまくなれば、動物性脂肪のとり過ぎを心配することはなくなるはずだ。それでも心配なら、いまの三倍、運動もしくは労働をすること。

私は思うのだが、からだを動かさずに（カロリーを放出せずに）いて、入れるカロリーだけを減らそうとするのがいちばんつまらない。それではおいしいものが食べられないし、たとえおいしいものでもビクビクしていてはまずくなる。たくさん食べて、たくさん出すのが理想である。これは、塩分についても同様のことがいえる。

それにしても、バターの海を泳ぐようなイワナのムニエル、おいしかった。

神父さんのオムレツ

フランス料理史上最大の食通と目されるアンテルム・ブリア＝サヴァランの名著『味覚の生理学』（一八二五年刊・邦訳名『美味礼讃』）に描かれた〝もっともおいしそうな料理〟のひとつに、神父さんのオムレツ、というのがある。

「それは丸くふっくらしていて、ちょうどよいかげんにこんがりと焼けていた。まずさじでそっと押すと、その腹から見るからにうまそうなにおいのよい汁がとろりと流れ出て……」（関根秀雄・戸部松実訳より）

これは肉断ちの精進日に、美食家の神父さんが料理番につくらせたマグロのオムレツ。原著ではマグロとコイの白子を刻んで混ぜる、となっているが、コイの白子はちょっと手に入りにくいので、私はときどきマグロだけでこの一品の真似ものをつくって楽しむことがある。

スーパーで安売りしている赤身のマグロを買ってきて、すりこぎのようなもので軽く叩いて繊維を潰してから細かく刻み、塩、胡椒、チャイブ（またはアサツキ）とパセリのみじん切りを和えてオリーブ油で少々マリネしておく。それをたっぷりのバター（本当にたっぷりの！）でサッと炒め、バターが溶けてマグロの色が変わったらすぐに溶きタマゴに混ぜて、オムレツに焼くのである。強めの火で手早く、表面に美しい焦げ色がついて中身がまだトロリとした状態ができあがり。

こうすると、刺身で食べたのではあまりおいしくなさそうなマグロが、一級の美味に変身するから不思議である。

「この料理は凝った朝食とか、自分が何をしているか十分承知で、ゆっくりと味わって食べる数奇者の集まりなどのために特に調進すべきもので、上等の古いぶどう酒を添えて出せばそれこそ申しぶんない」

とブリア＝サヴァランは書いているが、私はこの一品に簡単なサラダとおいしいパンと適当なワイン（赤でも白でも）を添えたメニューを、朝食としてはちょっと凝り過ぎだから、軽い夕食、ないしは夜食として、出色のものだと考えている。

ベルトゥー

チーズが好きで、ときどきフォンデュみたいなものが食べたくなるが、スイス式のフォンデュをつくるのはなんとなく億劫だ。別に専用の鍋などなくてもできることはできるのだけれども、それならいっそもっと簡単に、私はこんなふうにしてしまう。

まず、とにかくオーブン（もちろん小型のオーブン・トースターでもオーブン・レンジでもよい）に入る耐熱の皿。とくに深い必要はない。その上に、グリュイエールでも、エメンタールでも、モッツァレラでも、いや、とくに名のない一般に〝溶けるチーズ〟といって売られているものならなんでも構わない。ハードタイプのチーズを適当な大きさにスライスして三、四層に並べる。

そしてチーズの上から荒挽きの胡椒（これは粉の胡椒は避けたい。我が家では丸のままの粒胡椒を使う直前に石で叩き潰すのが習わしだ）をたっぷりまきちらし、最後にポルト酒（ポートワイン）を振りかける。この酒は香りづけだから、私はポルトが好きだが、好みによってはブランデーでもラムでもよいかもしれない。そして、上火をつけたオーブンに入れて、表面がふつ、ふつと息をしながらほどよく焦げめがつくまで焼くのである。

あとはただ、その熱々の皿を取り出して食卓に置き、各自が、ちぎったパンをその溶けたチーズにからめながら食べるだけ。

実にうまい。

フォンデュの簡便スタイルにも見えるが、これはスイス国境に近いフランスのシャブレ地方に伝わる、〝ベルトゥー〟と呼ばれれっきとした郷土料理なのである。

グラタン、というとなにか料理をつくらなければいけない気がするが、これはいわば、チーズだけのグラタン、である。それだけでは物足りない、というのなら、ジャガイモなどの野菜を茹でて添え、ソーセージの一本でもつけ合わせれば、パンによく似合う洒落た夕食として完結する。

スープとパンの食事

　寒い季節になると、我が家の台所には、いつもおいしそうなスープの匂いが漂っている。大鍋がガス台のひとつを占拠して、絶えずなにかがグツグツと煮えているのだ。牛のバラ肉を五、六センチ角のキューブに切り、鍋に入れ、冷水を満たして、火をつける。強火で沸騰させたらアクを取り、その後は弱火で二時間でも三時間でも煮続ける。

　寝る前に火を止めて朝になると、表面に脂肪が白くかたまっているから、それを取って捨てる。これで茹で肉とスープのベースはほぼ完成である。

　再び温めてから取り出した茹で肉は、粗塩に粒黒胡椒の挽き立て、カラシ、少量の醤油をオリーブ油に混ぜたもの、などをつけて食べると実にうまい。パセリやハーブを刻んで酢と油で和えたグリーン・ソースを添えれば立派なメインディッシュだし、また、別鍋でルーをつくって先のスープでのばしたところへこの肉を入れて軽く煮れば、シチューにでもカレーにでも、味つけしだいでなんにでも変身する。

スープはスープで、食べる分だけ小鍋に取って、そのたびに味つけを変えてもよし、あるいは大鍋に入れたままニンジンでもタマネギでも切れ端が出るたびに放り込んでおけば、そのうちに、コンソメにも負けない味になっていることだろう。

外に雪が降っているような夜、熱々のスープとパンで夕食をとると、心もからだも芯から温まるような気がする。それに赤ワインの一杯でもあればなおさら。

スーペ（またはサパー）と呼ばれる〝スープとパンの食事〟は、中世以来のヨーロッパの家庭における基本的な夕食だが、もちろんこれをもう少し贅沢にしようと思えば、まず前菜がわりにスープを出し、次に茹で肉をメインに仕立てて供するという〝ポトフー〟スタイルのフルコースにすればよいのである。

西洋でも、牛肉の塊は貴重な食物だった。だから、まずは水から茹でてダシをとり、最大限にそのエキス分を抽き出す。そして最後に、残った肉をいただくのだ。

肉塊を火に焙って焼くことは、お祭りの機会でもなければおこなわれなかった。焼けば脂も汁も落ちてしまうし、かさも減ってしまう。だから贅沢で、もったいない。

いまシチューをつくるときには肉の表面にサッと焼きめをつけてから煮るのがふつうだが、これはエキス分を中にとじこめて肉をおいしく保つのが目的である。これもやや贅沢な、近代に入ってからの調理法だ。

たしかにモモや肩などの肉はそうしないとパサパサになってしまう。が、スネだとかバラだとかいった安い部分の肉は、むしろナマの状態からしっかり煮たほうがおいしく、いくら煮ても耐えるだけの強い力を持っている。

つまり、茹で肉というのは、硬くて安い肉をおいしく食べ、しかもがっちりとダシをとる賢い方法なのである。

4

パンとワインとおしゃべりと

朝の貞節

朝はパンを食べるので、飲みものは、コーヒーか紅茶、ということになるわけだが、私は二十余年来ずうっと朝は濃いコーヒーを飲むことを習慣にしてきた。ところが、どういうわけか、最近は紅茶を飲むことが多くなった。

私たち夫婦の親しい友人に、二人ともそれぞれ忙しい仕事を持ってバリバリと働きながら、かならず時間をやりくりして夕食はいっしょにとり、休暇も日にちを合わせて旅行に行く、このうえなく仲むつまじいカップルがいた。仮に名を、Kさん夫妻、としておこうか。

Kさん夫妻とは、たがいに招いたり招かれたり、四人で旅行したりもしたが、朝食のとき彼らはかならずコーヒーを飲んだ。こちらは私がコーヒー、妻が紅茶である。十年ほどもそんなつき合いをしてきたから、食事や飲みものの好みや習慣はたがいに熟知していた。

その、Kさんの奥さんがなくなった。

思い出すさえ痛ましいことだが、まだ若いのに突然の病を得、一年ほどの入院のあとにこの世を去った。Kさんの絶望がどれほど深かったかは想像もできない。しばらく経って、私たちは彼を田舎の家に誘った。畑に出て太陽でも浴びれば、少しは気分も晴れるだろう。

夕方に着いてその晩は早く休み、朝になった。明るい光の中での朝食。いつものようにしたくをした。

と、起きてきたKさんは、卓上にある二つのコーヒー・カップを見ていった。

「あ、ぼく……紅茶なんだ」

あんなに驚いたことはない。どうしてかと聞くと、自分はもともと紅茶党だったのだが、彼女に合わせて結婚以来コーヒーに替えたのだという。不幸にもその必要が、もうなくなったというわけだ。

この話を思い出すたびに私は夫の妻への深い愛に胸を打たれるのだが、私が最近紅茶党に宗旨替えしつつあるのは、トシをとって朝の濃いコーヒーが重く感じられるようになったからで、いっておくが、決して妻への貞節のためではない。

日本シエスタ党

畑仕事をするようになってから、すっかり朝が早くなった。夏は五時。ときには四時。春秋は六時前後。冬になると七時近くまで寝ているが、要するに、太陽が昇ってあたりが明るくなるとほぼ同時に目がさめるのだ。そうしようと意志を働かせたわけではなく、自然とそうなるのである。自分でも不思議なくらいだ。

夜寝る時間はというと、外に出てからだを動かすことの多い夏は十時には眠くなってくるが、冬のあいだは十二時をまわっても起きている。しかしこれも計算すると平均睡眠時間六時間強で、ほぼ一年間変わりがないということになる。

そして、毎日、一時間の昼寝。

これは最初のうちは夏だけの習慣だったが、現在では冬も昼寝をするようになった。

午前中の仕事を終えて、十二時頃から昼食の準備をはじめ、一時過ぎに食べ終わると、一時半頃からソファーベッドに横になる。多少の時間のズレはあるが、原則としてこれが昼寝の時間割だ。だから、正午から三時までは来客も断り、電話もつながないよう家人に頼んである。

よく寝る？

まあ、たっぷり寝ていることは間違いない。私は十分睡眠時間をとらないとアタマが働かない質《たち》なのだ。

スペインをはじめとする南欧の国々では、昼食を時間をかけて食べたあとさらにシエスタ（昼寝）をするのが、昔からの伝統になっている。日本では、私が毎日欠かさず昼寝をしているというと驚く人が多いが、なに、田舎へ行けば夏の農繁期に農家の人はかならず昼寝をするし、工事現場の職人さんなんかも、弁当のあとのわずかの時間に熟睡する術を身につけている。私の住んでいる農村地帯でも、村人は、

「昼めしのときに焼酎を一杯やって、ぐっすりと眠る」

という人が少なくない。

最近の生理学の研究によると、人間の脳の活動が低下する（すなわち睡眠にふさわしい）時間帯は一日に二度あって、ひとつは午前零時から午前四時、もうひとつは正午から午後四時まで、であるという。お昼ごはんを食べたあとに眠くなるのは、誰も

抵抗できない自然の摂理なのである。

だとすると、田舎で畑仕事をしているうちに、私は天然自然の野生児（いや、もう少し経てば野生爺か）に戻ってしまったというわけだろうか。

私は個人主義者で、徒党を組むのは好きではないが、日本の社会にシエスタを普及させることを目的とする〝日本シエスタ党〟が組織されれば、真っ先に馳せ参じることにやぶさかでない。

シャンパンの元気とコニャックの長生き

十年前の肝炎からはすっかり立ち直ったので、いまは毎日お酒を飲んでいる。たくさんは飲まないが、夕食の卓には料理に合わせてワインか日本酒か紹興酒がのぼる。料理を自分でつくるのはもう二十余年来の習慣だから、メニューを考えるときからお酒のイメージも頭の中にできている。

ちょっと贅沢だが、シャンパンもよく飲む。以前よりだいぶ割安になったので、へタなワインを飲むならシャンパンで、と思うようになった。だいたい、どんな料理にも合う。

静かに栓を指であけて（揺らさずによく冷やしておけば、コルクがポンと跳ね飛ぶ心配はない）、まずは乾杯。おおぜいのときはみんなで、二人のときはたがいに、一人のときは自分に、乾杯をする。

グルジア共和国では、

「シャンパンのような元気を！」

といって乾杯するのだそうだ。

あの、シュワシュワと勢いよくいつまでも立ちのぼる泡に、元気な活力のイメージを重ね合わせるのだろう。その一方、コニャックを飲むときには、

「コニャックのような長生きを！」

といいながら杯を触れ合わせるのが習慣だという。なるほど、コニャックは樽の中で長い生命を保っている。

グルジアは、古い歴史を誇るワインの名産地である。

私が彼の地を訪ねたのはちょうどチェルノブイリの原発事故の直前といっていい時期で、ブドウ畑は青々として実り豊かだった。以来旧ソ連諸国はさまざまの苦難をなめているが、あのとき訪ねたブドウ農家はその後どうしているだろう。

「シャンパンのような元気を！」

私は夜が来てシャンパンを飲むたびにこの言葉を思い出し、さあ、みんな元気にやろう、と心を奮い立たせるのだが、シャンパンを飲むと心身のタガがゆるんで眠くなり、なにもやろうとする気がおこらなくなるのが、困る。

バルカヴェイリャの秘密

ポルトガルにバルカヴェイリャという、幻の美酒があることを知ったのは、ポルト酒（ポートワイン）の故郷であるポルトガル北部を旅していたときだった。

北部の山岳地域には、広大なブドウ畑を所有する〝キンタ（大農場）〟が点在している。そのひとつを訪ねてワインの醸造技術者と話をしていたら、

「ところでバルカヴェイリャをご存じですか？」

と切り出されたのだ。

「ポルトガル最高、いや、おそらく世界でも最高のワインだと思いますが……」

私は知らなかった。日本に帰ってからいろいろな人に聞いてみたが、ワイン通といわれる人でも、名前さえ聞いたことがないという人がほとんどだった。

ポルト酒というのは発酵の途中でアルコールを添加して甘味を残したものだが、このバルカヴェイリャはポルト酒ではなく普通のワインである。赤ワイン。だが、いう

までもなく、〝普通〟ではない。

スペインとの国境に近い、険しい崖のような土地でそれはできるという。草も生えないような、石ころだらけの荒れた土地。しかも雨がほとんど降らず、乾き切っている。

ブドウの木は乾燥したやせた土地でも生育するものだが、さすがにそれだけ条件が悪いと、木が生きのびるのに精一杯で、豊かな果実を実らせることができない。が、何年かに一度、ある程度の量の雨がまとまって降る年があると、耐えている力が一気に発揮されて、素晴らしい収穫に恵まれることがあるという。

そのブドウを、慎重にワインに仕込む。

樽に入れてからも、定期的に味をチェックして、よいワインに育っていくかどうかをたしかめる。

専門の、鑑定団がいるのだそうだ。そして数年間の追跡の末、これならよし、と鑑定団から太鼓判を押されたワインだけに、

「バルカヴェイリャ」

という〝称号〟が与えられるのである。バルカは船。ヴェイリャは古いという意味。その名が冠されたワインのボトルには、古い船を描いた絵のラベルが貼られることに

なる。

よい収穫はあったけれども惜しくもその後の成長がいま一歩だった、という〝次点〟のものは（別の名前で）市場にときどき出るが、本物のバルカヴェイリャは十年に一度できるかどうか。最近では一九八五年を最後としてそれ以降できていない。

「なんとか二十世紀のうちに次のバルカヴェイリャを出したいのですが」

と、私の会った醸造技術者はいい、

「ちょうどいま手もとに八五年のが一本ありますから試飲してみますか」

と酒庫の奥のほうから一本の古い瓶を持ち出してきた。

「やったぁ！」

まさか、聞いたばかりの幻の酒がここで味わえるとは。

幸運だった。

味については、ただ、凄い、とだけいっておこう。力強く、奥の深い、見事なワインである。あと十年熟成させたら、とんでもない完成度を示すに違いない。

このブドウの品種は、いわゆるカベルネ・ソーヴィニヨンとかの、一般に知られた品種ではない。イベリア半島に古くからある在来の品種である。

まだまだ、世界には知られざる美味があるものだ。

南欧式ソーダ割り

夏の暑い日は、ソーダ割りにかぎる。

赤ワインでも、白ワインでも、大きなグラスに半分くらい注いで、氷を二、三かけら入れ、その上からソーダ（炭酸）をダボダボと加える。まあ、濃さはお好みしだいというところだ。

もちろん、ワインは安いやつを使う。ソーダで割れば、どれも同じだ。甘過ぎるようなワインなら、レモンを一滴垂らしてもいい。

私は、ルーマニアを旅行したとき、レストランで白ワインを頼んだら、

「ストレートにするか、それともソーダ割りにするか」

と聞かれ、まるでウイスキーみたいなことをいう奴だなあと驚いたことがあるけれども、ルーマニアにかぎらずユーゴでもそうしてみんな飲んでいたし、スペイン人も、夏のピクニックには赤ワインのソーダ割りが欠かせない、という。ワインクーラーだ

とかスプリッツァーだとかいう名をつけてカクテルとして出している店もあるが、もともとは、

「ワインは飲みたいが、あまり酔いたくない」

あるいは、

「とにかく冷たいものをガブガブ飲んでのどの乾きを癒したい」

というときに誰もが考える方法なのだ。

私は夏になると、安売りの白ワインを大量に買い込んでおく。

そして、昼食のとき、夕食の前、ときには朝のうちから、いや、一日のうちいつでも、のどが乾いたと思ったらこれを飲む。ビールよりさっぱりとして腹にたまらず、来客にもすすめるがなかなか好評である。

グージェールの仕組み

ワインを飲んでいるときに、チーズを食べると、突然そのワインがおいしく感じられることがある。

家で飲むのは、安いワインである。

とくに夜眠る前にワインでも飲もうかといってあけるワインは、二人で飲むにしても飲み切れずに残してしまう可能性が高いし、それに、高級なワインはしっかりした料理といっしょでないと味が強過ぎる、あるいは重過ぎる感じがして寝酒には適当でない。

だから安ワインをあけるのだが、安ワインは、ときどき本当に安っぽい味がして（安いのだからあたりまえだが）、心が淋しくなることがある。

そういうときに、ちょっとチーズをつまむ。

すると、チーズのあとのワインの味が、ぐっとグレード・アップする場合が少なくない。寝る前に食べ過ぎるのはよくないが、なるほど相性とはこういうものかと感心してしまう。

フランスの田舎でワインの生産者を訪ね、酒蔵に入って試飲をさせてもらいながら好みの品を選ぶのは楽しい買いものだが、ブルゴーニュ地方では、こうした試飲のときにグージェールというものをサービスしてくれることがある。

グージェールは、一見したところシュークリームのようなかたち。だが中に入っているのは甘いクリームやカスタードではなくて、チーズである。

シュー（つまりシュークリームの皮。シュークリームのシューはフランス語でキャベツの意味。かたちが似ている）をつくるのには少し手間がかかるが、ときどき家でもこれを焼くことがある。グリュイエールなどの、ハードタイプのチーズを中に入れると、実においしい。

グージェールの材料は、パンのそれに似た生地と、チーズ。だからそもそも相性は抜群で、その酒蔵のワインがいっそうおいしく感じられるという仕組みになっている……。

女とワインと香水と

パン、ワイン、チーズ。

これがフランスの食卓における三種の神器である。

つまりこの三つのアイテムがあれば、ほかになにはなくとも一回の食事になるし、また、おいしいパンとおいしいワインとおいしいチーズの組み合わせは、最高のシェフがつくった最高の料理をも超える〝究極のフランス料理〟にほかならない、というのである。

本当にそうだ。

ワインとチーズはたがいの味を引き立てる絶妙のパートナーだし、チーズはかならずパンにのせて食べるのがフランス流。そしてパンとワインは西欧キリスト教文明ではともに欠かせない主食、主飲料として生活の中に深く根ざしている。

私たちは、衣も、住も、すっかり洋風化しているわりには、まだまだパンやチーズやワインの消費量が少ないのではあるまいか。

日本人は、毎年実るコメと獲って間もない新鮮な魚を食べる生活を続けてきたせいか、なんでも新しいもの、若いものをよしとする感覚が強い。

ところがフランス人は、時間が経つことによって味がよくなるワインのような発酵の産物を食卓の中心に据えてきたので、熟成の価値を知っている。

だから日本では、

「女房とタタミは新しいのがよい」

というのに対してフランスでは、

「女（妻）とワインはトシをとるほど味が出る」

というのである。

……と、この話をすると、わがことのようにうなずく女性が多い。もちろん、うなずくに十分な理由のある年齢に達した人たちだが。

フランス語では、女性のことを〝ファム femme〟という。妻、というときも同じくファムである。〝妻〟と〝女〟を、言葉で差別（区別）しない。女は妻になっても女。この話も、多くの女性たちをうなずかせる。

私は、日本の社会が、もっとオトナを尊重するようになってほしい、と願っている。

子供や若者ばかりがのさばっているのはイヤだ。男性も女性もオトナたちは多かれ少なかれそう思っていることだろう。が、じゃあワインとチーズを食べたり飲んだりすればそういう感覚に近づくか……。

あるとき、たまたまフランス人の女性（日本語ペラペラの熟女）をまじえた数人で四方山《よもやま》話をしていたとき、話題が〝朝シャン〟の話になった。最近の若者はシャワーを浴びている時間が長い、とか……それからどういうつながりになったのかは覚えていないのだが、なぜか、デートをする前にはやはり、シャワーを浴びてきれいになってから服を着替えて出かけたい、と、誰かがいった。

するとそのフランス熟女は叫んだ。

「そんな、もったいない！」

もったいない。みんな（ほかのメンバーは全員日本人）なんのことかわからなかった。

「フランス人は、デートをする前にはシャワーを浴びないしお風呂にも入りません。もしも相手が好きな男で、ひょっとしてひょっとしたら……と期待しながら会うのならなおさらのこと、絶対お風呂には入らない。そう、三日、いや、四日間。四日間は入らないで我慢するの」

「……」

「そうすると、からだに匂いがたまってくるでしょ。そうしたら、自分の匂いにいちばんよく合う、自分の魅力をいちばん引き出す香水をつけて、それからデートに出かけるのよ」

そういって、フランス熟女は艶然と微笑んだ……。

体臭はフェロモン。香水はそれを引き立てるもの。フランス人はそう考えている、というのだが、いくら日本人がチーズをたくさん食べるようになったとしても、この世界は遠そうだ。

タイの焼きタマゴ

何度も行って、たいがいのことは知っているつもりなのに、行くたびに意外な新しい発見がある。それが旅の面白さでもあるわけだが、このあいだタイへ旅行して、焼きタマゴというのを見つけた。

バンコクの、屋台である。

タイに限らず東南アジアの国々では、昼となく夜となく町のいたるところに食べものの屋台が出ていて、ありとあらゆるものを商《あきな》っている。私はそういうところを歩いてあれこれツマミ食いをするのが大好きで、どんなものがあるかはだいたい見当がついているのだが、小さな七輪に炭火をおこして、その上でタマゴを焙り焼きしているのにはこれまで気づいたことがなかった。

殻のついた、丸ごとのタマゴである。三つほどを、竹串で貫いて焼いている。茹でてから焼くのかと聞いたら、そうではない、という。ナマのタマゴを直接焼くのだそうだ。

タイでは、タマゴをさまざまに調理する。

茹でたり炒めたりするのはもちろん、目玉焼きにするときだって、鍋に張ったたっぷりの油の中に割った中身をポチャンと落としてそのまま揚げてしまったりもする。縁がカリカリの茶色になり、黄身もかたまるくらいまでしっかり揚げたタマゴをごはんにのせ、干し海老の揚げたのや青ネギの刻んだのや香菜などを振りかけてナンプラ（魚醬）と唐辛子で味つけ食べると、これは滅法うまいものだ。

目玉焼き、というが、英語に訳せばフライド・エッグ。ならば少量の油で炒めるより、ディープ・フライにするのが本式というべきかもしれない。

そのほか、固茹でにしたタマゴの殻を剝いてから油で揚げる、というのもあって、これは表面がチクワのような焼き色と歯ごたえになってなかなか面白い。

タイから帰って、私は早速実験にとりかかった。

海外旅行で食べた料理を、その味を舌が忘れないうちに自分で再現する、というのは私のいつもの習慣である。まあ、今回は料理というほどのものでもないのだが……。

ガスの火の上に、モチ焼き網をのせ、上に、生タマゴを置く。

弱火から中火くらいにして、ときどきタマゴを転がしてやる。

タイの屋台の焼きタマゴは殻の表面に焼き色がついていたが……なかなかそこまでいかない。中がどうなっているかわからないし、どの程度まで焼けばいいのか、考えあぐねながらしばらく両腕を組んで眺めていたら、突然、

「バシッ」

と音がして火の上のタマゴが爆裂した。

ほぼまんなかあたりに瞬時にして亀裂が走り、半分は私のからだをかすめるようにして飛んでいった。

そうだったのか！

このときに、私ははじめて気がついた。

屋台で串刺しにして焼いていたのは、焼き鳥の真似をしたわけではない。はじめ中身がある程度かたまるまで慎重に焼いて、それから竹串をブスリと刺して殻の一部に穴をあける。そうすれば内部の膨張した水分（蒸気）がそこから抜けて、あとはいくら焦げ色がつくまで焼いても安全、というやりかただったのだ。

私は二十年以上ほぼ毎日料理をしているが、ナマのタマゴを直接火にかけて焼こうとは考えたことがなかった。世の中には教えられることが多いものである。

直火焼きのタマゴは、殻がちょっと剝きにくいが、中はホクホクとして香ばしく、

茹でタマゴとはまた違った味わいがある。

ハチミツはあきらめた

旅先で、いかにもおいしそうなハチミツを見つけることがある。

ヨーロッパなどクルマで旅行していると、農家の入口に〝ハチミツあります〟という看板がかけてあって、美しい色の、香り高い、手づくりの逸品を分けてもらえることがあるし、このあいだはタイのチェンマイで、ロンガン（龍眼）の花のハチミツというのを市場で発見した。黒く、濃密で、見るからにおいしそうだ。が……こういう自家製のハチミツはたいがい大きなビンに無造作に詰めて簡単な栓をしただけだ。抱えて飛行機に乗るのもちょっと辛い。かといって鞄にしまって中で栓が外れたら……と思うと、のどから手は出るもののあきらめてしまうことが多い。

自然の、それも特定の花の蜜を集めてつくったハチミツは本当においしい。

信州の私の家の畑にも、たくさんミツバチがやってくる。ラヴェンダー、タイム、カモミルなどのハーブ類にはとくにたくさん集まってくるので、ひょっとして自家製の香草ハチミツができないものか、と考えたことがある。

近所にはアカシアの林やリンゴ園があり、そこでハチミツをつくっている養蜂家がいるので、早速家に招《よ》んで話を聞いた。

「それなら、二、三箱、巣箱ごと貸してあげましょう。これだけの花があれば十分にできますよ。えっ？　ハチに刺されるだろうって？　まあ、五、六回痛い思いをすればすぐに慣れるから」

「……」

「だけど、畑の隅にニンニクがあるでしょ。ネギやニンニクの花の蜜が混ざるとハチミツにヘンな匂いがつくんだよね」

なるほど、聞いてみなければわからないことがあるものだ。ニンニクには網をかぶせるとして、寒い冬はどう過ごすのか。

「寒いときはみんなで球のようにかたまってたがいに暖め合う。外側のハチに砂糖水を与えると、順に口移しで中のほうのハチに渡すんですよ」

本当に、ハチというのは不思議な生きものだ。そのほか、エサを見つけた偵察バチがその場所を仲間に教える方法、ローヤルゼリーを貯える部屋のつくりかた、耐えられる限界温度のわずかの差を利用して、襲ってきた大型のスズメバチをみんなで取り囲んで蒸し殺してしまう知恵など、私は養蜂家の話を興味深く聞いた。そして、最初に刺される痛ささえ我慢すれば、神秘のハチの世界を観察することができ、おいしい天然のハチミツを食べることができるのか、とおおいに心を動かされたのだが、最後まで話を聞いた結果、残念ながらあきらめることにしたのだった。

「まあ、クマはやってくるけどね。ハチミツがあれば、クマは危険を冒してでも人家のすぐ近くに寄ってくるから」

我が家は小さな山の、ほぼてっぺんに当たる位置にあり、家のすぐ裏が雑木林に覆われた斜面になっている。その斜面が、実はツキノワグマの一家の通り道なのだ。毎年、歩く姿が目撃され、ときどき檻で捕獲されたりする。

いまのところは、犬を飼っているのでクマは家までは近づかず、わきをすり抜けていくだけだが、もしも家の前の畑にミツバチの巣箱があったとしたら……。

おいしいハチミツは食べたい。

でも、クマは怖い。

ラヴェンダーのハチミツ、タイムとカモミルのハチミツ。おいしいものが大好きなクマたちは、蜜がたまった頃を見はからって、かならずやってくるに違いない。

ハラペーニョ・パン

うちの畑では、唐辛子を何種類も育てている。

唐辛子はよく知られるようにメキシコあたりを中心とするアメリカ大陸の原産で、いまでも向こうへ行くと実に夥《おびただ》しい種類の唐辛子が栽培されている。私たちはアメリカに住む友人に頼んでタネを買ってもらい、丸いの、長いの、小さいの、大きいの……など、十種類以上を毎年つくっている。

もちろん、かたちも違うが、辛さも違う。

アメリカでは唐辛子の辛さに、一から十までのグレードをつけている。もっとも辛いレベル・テンは、ハバネロ。しわしわのホオズキのようなかたちの唐辛子だが、これはかじるとブッ飛ぶくらい辛い。うちでは小さなパックに詰めてスーパーに出荷しているけれども、あまり売れ行きはよくない。きっと辛過ぎるからだろう。

売れ行きの一番人気は、ハラペーニョである。名前が日本でも少しずつ知られてきたせいもあるし、かたちがかわいいのも人気の理由だろう。太った子供の指先みたいなツルンとしたかたちで、ピンと張った肌が光っている。肉厚で、ジューシーで、ナマのまま食べるとフレッシュな香りが素晴らしい。ヒート（熱さ＝辛さ）・レベルは、七。

我が家では、ハラペーニョが収穫できる夏から秋にかけて、これを細かく刻んでニンニクといっしょにオリーブ油で熱し、パスタにからめて食べるのを楽しみにしている。赤と緑と黒をとり混ぜると、色彩も美しい。

ハラペーニョを中に入れた、パンもつくってみた。

生地に混ぜたりトッピングにしたり、あれこれ試してみたのだが、いちばん気に入ったのは、ふつうのパン生地をブリオッシュのようなかたちに仕立てて、中に、チーズといっしょに刻んだハラペーニョを入れるタイプのものだった。

フワッとしたかわいいパンを、嚙むと、中からトロリとチーズが溶け出すと同時に、ピリッとハラペーニョの刺激が走る。

クセになって、三つや四つはすぐに食べてしまう。

パンの花束

ダイコンやニンジンは、それぞれに花びらのかたちに薄く切って、氷を入れた水の中に放つ。キュウリはカツラむきのようにして、細い切れ目を入れてみようか。ラディッシュやミニトマトなら、そのまま飾りの切り込みを入れただけで使えるだろう。

氷水でパリッと反った野菜の断片などを楊枝《ようじ》でとめるなどして、花のかたちをつくっていく。つくりかたはアイデアしだいだ。

できあがったら、長めの竹串（焼き鳥に使うようなやつの長いの）の先端に取りつけて、それを、丸い大きなパン（フルサイズのパン・ド・カンパーニュがいい）に刺していく。

野菜だけでは淋しいから、サイコロ形に切ったチーズやハム、茹でたウィンナー・ソーセージなども同じように串刺しにして並べていこう。ところどころに、青ネギ

（アサツキ）の途中まで串を刺したもの（そうすると先のほうの半分が折れ曲がってちょっとした飾りになる）を配していく。余った空間は、パセリで埋めてもいい。

そうして、丸いパンに、ヤマアラシのようにさまざまの串を立てる。うまくいけば、美しい花束のようなものができるはずだ。

アメリカのパーティー・ブックに出ていた写真をヒントにして、子供たちが集まるパーティーにそんなものをつくったことがある。おおいにウケた。

つくる過程もなかなか面白いものだから、あるいはみんなで集まってからワイワイいいながらつくるのもいいだろう。パーティーというのははじめからすべてが準備できているよりも、いっしょに参加してなにかをやる、そのほうが楽しいことが多い。とくに食べるものを共同でつくると連帯感が増すし、たとえできあがった料理がそれほどおいしくなくても、自分が手を下したものについては誰も寛容になるものだ。

もちろん、この花束は、串を抜いて飾りものを食べたあと、台にしたパンもスライスして、オープンサンドかなにかにして食べる。

虎の乳を飲む

ペルー料理の代表は、セヴィーチェである。南米大陸の太平洋岸に古くからある食文化で、ナマの魚を刺身のように切り、香味野菜とともにたっぷりのライムのしぼり汁をかけて一、二時間漬けておく。もちろん魚の種類や切りかたによって漬ける時間はまちまちだが、いずれにせよ表面が酢のために白く締まって、汁の中に魚の旨味が溶け出す頃が食べごろである。

ヒラメ、タイ、スズキ、ホタテ……ペルー人の好きな白身の魚や淡白な味の貝類は、どれもセヴィーチェにぴったりだが、ペルー人がもっとも好む魚はヒラメである。リングアード、という、大型の舌平目だと思うが、これが最高の魚とされている。

はじめてリマでレストランへ行ったときに驚いたのは、メニューを開くと、上から順のブロック別に、

「前菜・スープ・ヒラメ・魚・肉……」

と書かれていたことだ。ヒラメとその他の魚では格が違う、ということなのだろう。ヒラメだけであらゆる調理法を使った料理が十種類くらい書いてあり、なるほどこれなら独立したブロックとして肉やほかの魚と十分にバランスがとれている。

私はどの魚や貝のセヴィーチェも大好きだが、なかでも、コンチャ・ネグラのセヴィーチェが気に入った。小型の赤貝に似ているが身の色が黒っぽい〝黒貝〟である。これに香草やニンニクをきかせ新鮮なライムで締めたセヴィーチェは……言葉を思い浮かべただけで、ああ、もう口の中が反応しはじめてしまった……。

魚や貝もうまいが、セヴィーチェはあの汁がうまいのである。好きな人は、この漬け汁だけを小さなグラスに入れてもらって飲む。強烈に酸っぱい、これが、

「虎の乳」

と呼ばれるものだ。

ピスコという焼酎に泡立てた卵白を混ぜたピスコサワーという食前酒からはじまって、ビールやワインを痛飲するのがペルーの人々だが、食事の最初に〝虎の乳〟を飲んでおくと悪酔いしない、とか、二日酔いは〝虎の乳〟でなおる、とかいわれている。

ベニテングダケの誘惑

昔、「連帯」のワレサ議長がノーベル賞受賞の知らせを受けたとき、本人はキノコ採りに山の中に入っていて連絡がとれなかった、という話を、秋になると思い出す。ポーランドのみならず、ヨーロッパはどこでも、キノコ狩りはなににも替え難い楽しみのひとつなのだ。

フランスの田舎では、秋になると薬局のショーウインドーに〝毒キノコ図解一覧表〟が貼り出される。美味に魅せられてつい危ないキノコまで採ってしまう心理も、洋の東西を問わないようである。

さて、我が家の裏の雑木林も、さまざまなキノコの宝庫で、季節になるとおおぜいの村人が入ってくる。キノコや山菜は誰の土地に生えようと、先に採った人のものになるのがルールらしい。だから知識の乏しい私は、間近に住んでいながらいつも遅れをとってしまうのだが、それでも〝おすそわけ〟だけで飽きるほどの食べる量が確保

される。

信州では、キノコは焼くか、塩漬けにするか、茹でておろし和えにするのが一般的な食べ方だ。

ムラサキシメジやシモフリなど、おいしいキノコが少量採れたときには、枯枝で焚火をしてホイル焼きにする。もちろん酒の肴である。

クリタケやアカンボウなどが大量に手に入ったときは、私は大鍋をガスにかけてオリーブ油を熱し、ニンニクのみじん切りを入れて香りを出してからドサッとキノコを加えてよく炒める。味つけは塩と胡椒。

これは、シャンピニョン・ア・ラ・グレック（ギリシャ風）の応用で、熱々のうちに食べてもよいし、さめたらそのまま冷蔵庫で冷やしておけば、いつでも取り出して前菜に利用することができる。オリーブ油漬けになるわけだから、保存もきいて便利である。

リコボウのような肉厚の大型キノコは、頭の部分にパン粉の衣をつけて、カツのように揚げるのも面白い。レモンでも添えればシャレた一品になるだろう。

そういえば去年の秋は、裏山でベニテングダケを一本見つけた。猛毒、といわれるキノコだが、信州東部の地域ではこれを食用とする習慣がある。焼いてもうまいし、煮ると素晴らしい味が出るので昔は塩蔵して正月料理のダシ取りに用いたそうだが、食べ過ぎるとかならず毒にやられる。ひとりで一本くらいならなんとか大丈夫だが、個人差があるという。

そう、話にだけは聞いていたのだが、さすがにひとりで食べる勇気はなく、取ってきて絵に描いたりしたがそのまま土を掘って捨ててしまった。犬でも食べたりしたら大変だ。これを置いておくと、プーンとハエが飛んできて、とまろうとするとパッタリと落ちて死ぬ。別名ハエトリというくらい、毒性が強いのである。

ところが、その少しあとで、役場に勤める知人から電話があった。

「こんど、ひさしぶりに仲間でハエトリを食う会をやろうと思うだが、興味ないかね」

あるある。こわいけど。

集まったのは、私を入れて五人ほど。ベニテングダケは豊作で、大小とりまぜて十本以上もあった。まずは、網焼き。次いで、鍋。とりあえず乾杯はしたが、みんなチビチビと、やけにおとなしい。酒を飲みすぎると、毒にやられやすくなるのだという。

網で焼いたベニテングダケは、たしかに美味だ。実に濃厚な味わいがある。マツタケともシイタケとも違い、なんというか、強く深みのある味がする。

私は、おそるおそる、中くらいのを半分焼いて食べ、鍋にも少し手を出した。合計一本と少し、といったところか。酒はあまり飲んでいないのに頭がボーッとする感じがしたが、トリップするところまでは行かなかった。

五人のうち三人は、途中で気持ちが悪くなったといってトイレに立った。

アメリカの先住民族は、ベニテングダケの乾燥粉末を飲んで幻覚を見るというが、ナマのものでは濃縮度が足りないということなのか、みんな、頭に来るより先に腹がやられたようだ。

もう一度食べてみたいとも思うが、一度だけでいいというような気もしている。

昔のボージョレ・ヌーボー

私がパリで学生をしていた頃の話だから、かれこれ三十年近く前のことになる。あるとき、パリの……どこらへんだったか、もう記憶にないのだけれども、大きな通りからちょっと入ったところにある広場の一角に、なにやら人だかりがしていて、たまたま通りかかった私がのぞいてみると、白いブラウスに赤い、地方の民族衣裳を着た女性たちが、手に手に持った紙コップを集まる人々にすすめていた。

それが、私がボージョレ・ヌーボーというものをはじめて飲んだ日であった。ブルゴーニュ、ボージョレ地方でつくられるワインの新酒。ヌーボー（新しい）というのは、秋に収穫したブドウで仕込んだワインを、まだ春が来ないうちに飲む、〝その年のワイン〟という意味だ。

紙コップの中身は、濃い赤紫色の、ほとんど不透明な、ブドウの絞り汁が発酵しかけている、という感じのものだった。最近のボージョレ・ヌーボーとは、かなりようすが違う。

そのお祭り騒ぎは、ボージョレ地方の観光局だか醸造組合だかが、産地直送の新酒をパリに宣伝しに来たキャンペーンのようなものだったらしい。無料で配られるお酒に、たくさんの人が集まっていた。時期は、当然、秋の終わりの頃である。

現在、ボージョレ・ヌーボーの解禁日は十一月の第三木曜日とされている。この日を待ちかねて成田空港まで出かけていって到着直後のを人より早く味わおうとか、ニューカレドニアのほうがもっと早く飲めるから行って一番乗りをめざそうとかいう人が、バブルの頃にはいたのを思い出す。が、現在のヌーボー・ワインはその後の技術革新により、短期間で一定の熟成レベルに達するよう改良されたもので、昔の、あの〝紫色のドブロク〟のような飲みものとは別のものだ。

パリでは、晩秋になるとカフェやレストランの扉や壁に、

「ボージョレ・ヌーボー到着!」

と大書した紙が貼り出される。人々はそれを見て、なんとなく浮き浮きした気分になるのだが、ちょうどこの季節は狩猟が解禁になるシーズンでもあり、シカ、キジ、イノシシ、ノウサギ……いわゆるジビエと呼ばれる猟の獲物が肉屋の店頭に並び、レストランのメニューにも季節の味として書き出される。それがさらに、お祭り気分を

増幅させるのだ。

ワインと肉。これらはパンとともに彼らが生きていくために欠かせない基本の食品だが、私は彼らがこれほどヌーボー・ワインを心待ちにし、ジビエに心を躍らせるのは、ヨーロッパの冬がそれだけ厳しいからだろうと想像している。つまり彼らはそれらを前にして、

「今年もブドウが実ってワインができた。この冬も山にはいっぱい獲物がいそうだ」

ということを確認してホッとするのではないだろうか。これで、春までなんとか生きながらえることができる、と。

だとすれば、本当のヌーボー・ワインの価値というものは、すっきりとしてよそよそしい最近のやつより、昔ながらの、いまブドウを絞ってきた、みたいな、臨場感のあるもののほうがふさわしいのではないだろうか。

ヴィラデスト・ワインの出来

九二年の春、六百坪の畑に約四百五十本のブドウの苗木を植えた。五年経って、ようやく木は一人前に成長し、昨年の秋には合計四百本分以上のワインができた。白は百本あまり、すでに瓶に詰めた。一年もすればいい味になってくるだろう。すっきりとシャープなシャルドネである。

赤のほうの品種はおもにメルローだが、木の年齢が若過ぎてこれまでは生産量が足りず、樽で熟成させることができなかった。オーク材でつくった熟成用の木樽は標準サイズが二百二十五リットル。ワインの本数で計算すれば三百本分なのだ。それを満たせるようになったのがようやく昨年、というわけである。

樽には、二年間くらい詰めておく。

熟成して、いい香りがついたところで瓶に詰める。瓶に詰めてからも一、二年は寝かせておいたほうが風味が増すから、九六年秋収穫のブドウからできたワインをおいしく飲めるのは、まあ、今世紀末ギリギリというところか。

今回のワインは、それまでの（毎年少量ずつつくってきた）ワインとくらべると一段と出来がよい。このまま順調に育てば、

「これがうちのブドウでつくったワインです」

と、胸を張っていえる……かもしれない。そのレベルに達するのは二〇〇一年くらいかな、と当初は思っていたのだから、ほんのちょっぴりだが予定より早い。

いうまでもないが密造しているわけではなく、できたブドウは近くのワイン工場に持ち込んで、醸造管理をしてもらっている。

そんな話をしていたら、ある日本酒のメーカーの人が、

「こんどはコメを育てて清酒をつくりませんか」

といってきた。なるほど、そういわれると、自分の好みに合った日本酒ができたらそれも楽しみだなあ、と思ったが、ブドウの上にコメまで栽培するとなったら、忙し過ぎて酒を飲むヒマがなくなる。

私の妻はソムリエール

ワインは毎日飲むもの。私はそう思っている。

百万円あったら百万円のワインを一本買ってしまい込む人と、一万円のワインを百本買ってときどき飲む人がいるが、私は千円のワインを千本買って三年分確保したいと考える。ひょっとすると、いちばん欲深い考えかただろうか。

日本人のあいだにも、ようやく少しずつワインに親しむ人がふえているようだけれども、それでもまだ、なにか特別な機会に飲む酒のように思っている人もいる。また、ワインを飲むためにはなにか難しい知識を持っていないといけないように思っている人も少なくない。が、それは間違いだ。必要なのは知識ではなく経験である。それも高級ワインをたまに飲むのではなく、ふつうのワインを毎日のように飲むことで培われる経験が、いちばん必要なものだと私は思っている。そうすれば、これは自分の好きな味、あれは気に入らない……という基準が、おのずからできてくるはずだ。その、好みの範囲の中から、それこそ毎日のように飲んでもあまりフトコロの痛まない値段のものを何種類か選んで、〝我が家のハウスワイン〟とすればよいのである。

最近は、ソムリエ・ブームだそうだ。

とくに若い女性のあいだで、ソムリエになるための勉強をするのがはやっているという。

ソムリエというのは、レストランなどで酒蔵を管理し、客のワイン選びを手伝い、サービスする職業である。女性の場合は正しくはソムリエール、という。が、ワインの勉強をする若い女性たちの多くは、とくにそういう職業に就きたいというわけではなさそうである。ただ、知識として知っておきたい、レストランやバーでかっこよく振舞いたい、あるいはオシャレな日常生活に役立ちそうだ……というのが動機だろう。

でも、現実にですよ、自分の妻がソムリエールだったら……きっと毎日大変だろうね。

「ただいま」

「お帰りなさい。食前酒はなににする？　キール、それとも……」

「とりあえずビールがいいな」

「あら。じゃあ、銘柄は？　ラガー、モルツ、スーパードライ、エビス、ハイネケン

「……」

「……どれでも冷えてりゃいいんだけどな」

「シャンパンならもう冷やしてあるわ。ボランジェかテタンジェ？　それともヴーヴ・クリコにする？　思い切ってサロンかクリュッグ、クリスタル……」

「おいおい、もういいよ。面倒だから、先に風呂入るよ」

「ハイハイ、用意するわ。お湯の温度は何度がいい？　四十度？　四十二度？　最初三十八度で腰湯を三十分、そのあと四十一度に上げて十五分ていうのもおすすめよ。それから、入浴剤は登別カルルスか白骨の湯……ローズマリーのハーブ浴も中国薬草浴もあるし……」

　まさか、ね。

　でも、案外近いものがあったりして、もしも私の妻がソムリエールだったら、こわい。

あとがきに代えて――バゲットとコンパニオン

　バゲット、とは、細い木の棒、という意味である。語源的には〝バトン〟と同じ。細めであまり長くない棒、あるいは杖のことをいう。そのかたちから、フランス人がもっとも日常的に食べるパンもそう名づけられた。よく、パン屋さんであの細長い棒のようなフランスパンに、

「バケット」

　という名札をつけて売っているのを見ると、私は思わずペンを取り出して濁点をつけたくなる。バケットでは、〝バケツ〟の意味になってしまうではないか。ハケに毛があり、ハゲに毛はなし、濁点ひとつで全然違うのだ。

　さて、焼き上がりで二百五十グラム、と重量が規定され、価格も統制されているバゲットは、まさしくフランス人にとっての主食といってよいだろう。

　フランス人は、食卓にパンが置いてないと食事がはじまらない。日本のレストラン

ではしばしばオードブルやスープのときにもまだパンが供されていないケースがあるが、あれはイギリス式のマナーを受け継いだせい。アングロサクソンやゲルマンの住む地域では小麦が十分に採れずジャガイモなどの代用食に頼ることが多かったし、それらの文化を受け継いで発展したアメリカではパンよりも肉のほうが多く食べられるようになったのかもしれないが、小麦が豊かなフランスでは、パンがいつも食卓にのっているのは常識なのである。オードブルが出てきてもパンがないと、あたりをそわそわ見まわして落ち着かなくなるのがフランス人だ。

フランスでは、パン屋さんはお医者さんと同じように、休日や祝日でも当番制でかならずどこかの店が開いているようになっている。地区ごとに、だいたい歩いていける範囲に一軒のパン屋がかならず営業しているわけだ。

田舎パンや黒パンと違って、バゲット・タイプのフランスパンは買い置きがきかない。焼き立ては香ばしくてパリッとした皮や弾力のある薄い身（パンの身は空洞があちこちにあいているのが好まれる）があんなにおいしいのに、時間がたって硬くなると始末におえない。いちおう焼いてみたりして食べはするけれども、やはりそのつど新しいのを買うのがいちばんなのである。

ひとりで食べるのならば、

「ドゥミ・バゲット」

といえば一本を半分（ドゥミ）に切って売ってくれる。あるいはバゲットよりももっと細いフィッセル（〝紐〟という意味）というパンを買ってもよい。いずれにしても、いつでも好きなときに、一人分の主食を店で買うことができるのだ。

ヨーロッパでは、パンは中世までは自分の家のかまどで焼いた。それがしだいに共同のパン焼き窯を設けるようになり、近代にいたる頃になると、専門にパンを焼いて売る店ができるようになった。主食をいちいち家で用意しなくて済むようになったのである。

私は、このことが、西欧人の近代的な自我の誕生に影響したのではないか、とひそかに思っている。ひとりだけで、いつでもどこでも食事ができる。だから自立することができ、そのうえで、ともに楽しく会食をするメンバー（ともにパンを食べる人＝コンパニオン）をたがいに求め、あらたな自発的な関係を築くことができる……。長いこと、炊き上がったコメを同時に食べることが家族関係の強制につながっていた日本とはだいぶ事情が違う。

ともあれ、二十一世紀ももうすぐそこだ。これからは、よきコンパニオンを見つけて、自由に暮らすことを楽しみたいものである。

一九九七年初夏
信州ヴィラデストにて

玉村豊男

文庫版あとがき

考えてみると、私もずいぶんあちこちでいろいろなパンを食べている。

この本を書いたあと、以前から気になっていたパンを食べることができた。カルタ・デ・ムジカ、というサルディニア島のパンである。

サルディニア島ではパンを紙のように折り畳んで持ち運ぶ、そのパンの名はカルタ・デ・ムジカ、つまり「楽譜」という意味である、と、ある本で読んだのはずいぶん前のことだが、実際に島を訪れることができたのはこの本が刊行されたあと。だから、文庫版のあとがきに番外編としてつけくわえておくことにしよう。

カルタ・デ・ムジカは、本当に紙のように薄いパンだった。たしかにそれはパンには違いないのだが、食事用の皿くらいの大きさで、厚さは、というか、薄さは、ゼロコンマ何ミリ……真横から見ると見えなくなるくらい。ベトナムのライスペーパー（水に溶いた米粉を鍋に張った布の上に薄く流して蒸し、乾かしたもの）よりも薄い。

当然、パンといってもまったく水分のない乾いた状態だから、保存がきく。サルディニア島の人びとは、その紙のようなパンを何百枚も重ねてビニール袋に入れておき、必要なときに取り出して食べるのである。食感は乾燥したオブラートを食べているような具合だが、しかしやはり嚙み締めるとしっかりとしたパンの味があって、私はいっぺんで気に入った。もちろん料理といっしょにでもいいが、ただそれだけパリパリと食べても、お茶請けにも酒の友にもなるすぐれものである。そうそう、私が泊まった島の農家民宿のオヤジさんは、船の出発時間を聞いたらカルタ・デ・ムジカの一切れにボールペンで数字を書いて私に見せた。たしかに、あれなら楽譜だって書けるに違いない……。

世界には、まだまだ私の知らないパンがある。

これから先、どのくらい「未知との遭遇」があるだろうか。

近年、日本でもパンの進歩が著しい。

都会では次々と新しいパン屋さんが素晴らしく質のよいパンをつくりだしているし、田舎でも、思いがけないところに本格的なパン屋さんが見つかる時代になった。

フランスパンは硬い軽やかな皮のバゲットからずっしりと重いパン・ド・カンパー

ニュまで、イタリアパンもフォカッチャはあたりまえ、天然酵母に有機栽培小麦のナチュラルブレッドも花盛りだ。そのクオリティーとヴァラエティーは、ひょっとすると日本が世界でいちばんかもしれない……。

しかし、面白いのは、それでもパンはそれぞれの国や地域で無限に異なる、ということだ。たとえ日本で世界中のパンを手に入れることができたとしても、そう、「イタリアよりおいしいイタリアのパン」が日本で食べられたとしても、それは本物のイタリアのパンとは違う。

いくら完璧な情報と優れた技術があって、小麦粉や塩や水を、ひょっとしたらそこで使われている薪までを取り寄せることができたとしても、粉を練るときの空気の乾燥具合や、空気の中を漂っているその土地に住みついた菌までを輸入することはできないし、おそらくそこでつくられるパンの味には、工房で交わされた職人の方言まじりのイタリア語の会話や、通りがかりのおばさんの笑い声や、近くの森の匂いや教会の鐘の音や、つまりその土地の文化や歴史や生活のまるごとが、知らず知らずのうちに紛れ込んでいるに違いないのだ。だから、「まずくてもそこでつくられるのが本物の味」なのである。

できればこれからも旅をかさねて、そうした本物のパンの味を、ひとつでも多く知りたいものだと思う。

二〇〇一年冬　パンを食べながら

玉村豊男

初出一覧

「裏も表もウェットで」「朝の貞節」「シャンパンの元気とコニャックの長生き」「グージェールの仕組み」「虎の乳を飲む」は「産経新聞」九七年四月

「タイの焼きタマゴ」は「エラスムス」（NHVホテルズインターナショナル発行）九七年三月

「ハチミツはあきらめた」は「ビルケア」（日立ビルシステム発行）九七年三月

「ミスター・リーズのジャガイモ・サンド」「ベトナムのフランスパン」「ナン・オ・フロマージュ」「パン・デ・ロー」「シギショアラの朝食堂」「ポルトガルのアロス」「子供の頃の癖」「日本シエスタ党」「バルカヴェイリャの秘密」「ハラペーニョ・パン」「昔のボージョレ・ヌーボー」「ヴィラデスト・ワインの出来」「私の妻はソムリエール」は書き下ろし

それ以外は「アンデルセン・タイムス」（タカキベーカリー発行）九一年一月〜九五年十二月

『パンとワインとおしゃべりと』一九九七年五月　ブロンズ新社刊

中公文庫

パンとワインとおしゃべりと

2002年2月25日　初版発行
2015年12月25日　5刷発行

著　者　玉《たま》村《むら》 豊《とよ》男《お》

発行者　大橋 善光

発行所　中央公論新社
〒100-8152　東京都千代田区大手町1-7-1
電話　販売 03-5299-1730　編集 03-5299-1890
URL http://www.chuko.co.jp/

編集協力　嶋中事務所
印　刷　三晃印刷
製　本　小泉製本

Published by CHUOKORON-SHINSHA, INC.
Printed in Japan　ISBN4-12-203978-9 C1195

各書目の下段の数字はＩＳＢＮコードです。978－4－12が省略してあります。

中公文庫既刊より

た-33-9
食客旅行
玉村豊男
香港の妖しい衛生鍋、激辛トムヤムクンの至福、干しダコとエーゲ海の黄昏など、旅の楽しみイコール食の愉しみだと喝破する著者の世界食べ歩き紀行。
202689-6

た-33-11
パリのカフェをつくった人々
玉村豊男
芸術の都パリに欠かせない役割をはたし、フランス文化の一面を象徴するカフェ、ブラッスリー。その発生を克明に取材した軽食文化のルーツ。カラー版
202916-3

た-33-15
男子厨房学入門《メンズ・クッキング》
玉村豊男
「料理は愛情ではない、技術である」「食べることの経験はつくることに役立たないが、つくることの経験は食べることに役立つ」超初心者向け料理入門書。
203521-8

た-33-16
晴耕雨読ときどきワイン
玉村豊男
著者の軽井沢移住後数年から、ヴィラデスト農園に至る軽井沢、御代田時代（一九八八～九三年）を綴る。題名のライフスタイルが理想と言うが……。
203560-7

た-33-20
健全なる美食
玉村豊男
二十数年にわたり、料理を自ら作り続けている著者が、客へのもてなし料理の中から自慢のレシピを紹介。食文化のエッセンスのつまったグルメな一冊。カラー版
204123-3

た-33-21
パリ・旅の雑学ノート　カフェ／舗道／メトロ
玉村豊男
在仏体験と多彩なエピソードを織り交ぜ、パリの尽きない魅力を紹介する。'60～'80年代のパリが蘇る、ウィットとユーモアに富んだ著者デビュー作。
205144-7

た-33-22
料理の四面体
玉村豊男
英国式ローストビーフとアジの干物の共通点は？　刺身もタコ酢もサラダである？　火・水・空気・油の四要素から、全ての料理の基本を語り尽くした名著。〈解説〉日高良実
205283-3

と-21-1
パリからのおいしい話
戸塚真弓
料理にまつわるエピソード、フランス人の食の知恵など、パリ生活の豊かな体験をもとに〝暮らしの芸術〟としての家庭料理の魅力の全てを語りつくす。
202690-2

と-21-3
暮らしのアート 素敵な毎日のために
戸塚真弓
週に一度はごちそう作り、絹のスカーフは手洗いで、調味料こそ一級品を、布を使って模様替え…パリで学んだより快適で豊かな毎日のための〝衣食住の芸術〟。
203601-7

と-21-4
私のパリ、ふだん着のパリ
戸塚真弓
露天市場やガラクタ市の魅力、フランス式おいしい紅茶の淹れ方、美術館を楽しむ法……パリ生活二十余年、毎日の暮らしから見えてきた素顔の街の魅力。
203979-7

と-21-5
パリからの紅茶の話
戸塚真弓
パリに暮らして三十年。フランス料理とワインをこよなく愛する著者が、五感を通して積み重ねた、歴史と文化の街での心躍る紅茶体験。〈解説〉大森久雄
205433-2

と-21-6
パリの学生街 歩いて楽しむカルチェ・ラタン
戸塚真弓
歳月を経た建物の柔和な表情、ローマ人の支配の痕跡、美術館、大学、教会、書店、露店市……。おおらかな風が吹き抜けるカルチェ・ラタンの素顔の魅力。
205726-5

き-15-12
食は広州に在り
邱永漢
美食の精華は中国料理、そのメッカは広州である。広州美人を娶り、自ら包丁を手に執る著者が、蘊蓄を傾けて語る中国的美味求真。〈解説〉丸谷才一
202692-6

か-56-1
パリ時間旅行
鹿島茂
オスマン改造以前、19世紀パリの原風景へと誘うエッセイ集。ボードレール、プルーストの時代のパリが鮮やかに甦る。図版多数収載。〈解説〉小川洋子
203459-4

か-56-2
明日は舞踏会
鹿島茂
19世紀パリ、乙女たちの憧れは華やかな舞踏会！フロベール、バルザックなどの作品を題材に、当時の女性の夢と現実を活写する。〈解説〉岸本葉子
203618-5

各書目の下段の数字はISBNコードです。978－4－12が省略してあります。

か-56-3
パリ・世紀末パノラマ館 エッフェル塔からチョコレートまで
鹿島 茂
19世紀末、先進、躍動、享楽、芸術、退廃が渦巻く幻想都市パリ。その風俗・事象の変遷を遍く紹介する魅惑の時間旅行。図版多数。〈解説〉竹宮惠子
203758-8

か-56-4
パリ五段活用 時間の迷宮都市を歩く
鹿島 茂
マリ・アントワネット、バルザック、プルースト――パリには多くの記憶が眠る。食べる、歩くなど八つのテーマでパリを読み解く知的ガイド。〈解説〉にむらじゅんこ
204192-9

か-56-5
衝動買い日記
鹿島 茂
「えいっ!買った」。腹筋マシーン、猫の家から挿絵本まで全24アイテム……ムッシュウ・カシマの衝動買い顚末記。巻末に結果報告を付す。〈解説〉百瀬博教
204366-4

か-56-7
社長のためのマキアヴェリ入門
鹿島 茂
マキアヴェリの『君主論』の「君主」を「社長」と読み替えると超実践的なビジネス書になる! 現代の君主＝社長を支える実践的な知恵を引き出す。〈解説〉中條高徳
204738-9

か-56-8
クロワッサンとベレー帽 ふらんすモノ語り
鹿島 茂
「上等舶来」という言葉には外国への憧れが込められている。シロップ、コック帽などの舶来品のルーツを探るコラム、パリに関するエッセイを収録。〈解説〉俵 万智
204927-7

か-56-9
文学的パリガイド
鹿島 茂
24の観光地と24人の文学者を結ぶことで、パリの文学的トポグラフィが浮かび上がる。新しいパリが見つかる、鹿島流パリの歩き方。〈解説〉雨宮塔子
205182-9

か-56-10
パリの秘密
鹿島 茂
エッフェル塔、モンマルトルの丘から名もなき通りの片隅まで……時を経てなお、パリに満ちる秘密の香り。夢の名残を追って現代と過去を行き来する、瀟洒なエッセイ集。
205297-0

か-56-11
パリの異邦人
鹿島 茂
訪れる人に新しい生命を与え、人生を変えてしまう街――パリ。リルケ、ヘミングウェイ、オーウェルら、触媒都市・パリに魅せられた異邦人たちの肖像。
205483-7